国际工程承包项目合同管理指南

赵珊珊　主编
徐长庆　王员员　鲁　力　副主编

北　京
冶　金　工　业　出　版　社
2021

内 容 提 要

本书围绕国际工程承包项目中合同管理这一核心工作，以 FIDIC 2017 版《生产设备与设计—建造合同条件》（黄皮书）为编写依据，依托编者多年国际工程项目管理经验，从承包商的角度出发，提出了国际工程承包项目合同管理工作的具体操作规程和行为准则。本书按照国际工程承包项目合同形成、合同履约、合同关闭的时间顺序编写，内容涉及国际工程承包项目常用管理模式、主流合同条件、主要价格模式，投标管理，合同评审，合同履约，合同变更及索赔，合同关闭，合同财务管理、法律风险管理及境外廉洁风险防控等管理要素和要点。

图书在版编目（CIP）数据

国际工程承包项目合同管理指南/赵珊珊主编．—北京：冶金工业出版社，2021.10

ISBN 978-7-5024-8931-1

Ⅰ．①国…　Ⅱ．①赵…　Ⅲ．①国际承包工程—经济合同—管理—中国—指南　Ⅳ．①F752.68-62

中国版本图书馆 CIP 数据核字（2021）第 191964 号

出 版 人　苏长永
地　　址　北京市东城区嵩祝院北巷 39 号　邮编　100009　电话　（010）64027926
网　　址　www.cnmip.com.cn　电子信箱　yjcbs@cnmip.com.cn
责任编辑　程志宏　郭雅欣　美术编辑　吕欣童　版式设计　禹　蕊
责任校对　梁江凤　责任印制　禹　蕊
ISBN 978-7-5024-8931-1
冶金工业出版社出版发行；各地新华书店经销；北京捷迅佳彩印刷有限公司印刷
2021 年 10 月第 1 版，2021 年 10 月第 1 次印刷
710mm×1000mm　1/16；10.75 印张；210 千字；160 页
139.00 元

冶金工业出版社　投稿电话　（010）64027932　投稿信箱　tougao@cnmip.com.cn
冶金工业出版社营销中心　电话　（010）64044283　传真　（010）64027893
冶金工业出版社天猫旗舰店　yjgycbs.tmall.com

《国际工程承包项目合同管理指南》

编 委 会

前　言

随着我国“一带一路”倡议的提出以及系列配套政策的出台，我国企业“走出去”的步伐不断加快，对外承包工程的经营方式也由最初的分包、转包向更高层次的工程总承包、对外投资等方式转变，我国工程行业在融入国家发展大局，参与国际竞争中不断实现自身更好发展。然而，伴随着国际工程市场的高速发展，工程项目的整体规模不断扩大，复杂程度日益提高，我国工程企业的合同管理及风险防范能力面临着巨大挑战。

工程企业要积极“走出去”，更要高质量“走上去”。在国际化转型的进程中要以技术和资金优势为先导，持续探索先进的合同管理理念，及时总结、推广项目经验，在实践中不断提高国际工程从业人员的综合能力，培养既懂工程技术，又懂合同、法律和商务的复合型人才，大力提升企业的全球服务水平。这本《国际工程承包项目合同管理指南》（下称“本书”）就在这样的大背景下应运而生。

本书由中国恩菲工程技术有限公司（以下简称“中国恩菲”）常年奋战在国际工程合同管理一线的项目经理、商务经理、合同工程师等共同编写，是一项集体创作的成果。中国恩菲的前身是成立于1953年的北京有色冶金设计研究总院，几十年来在30多个国家和地区建设了1.2万个工程项目，积累了丰富的项目及合同管理经验，本书就是中国恩菲多年来国际工程合同管理工作的系统总结和提炼，也是对国际工程项目履约过程中的难点、堵点、痛点的详细梳理。期盼这些来自工程前线的一手资料可以为我国工程行业树立正确的合同管理意识、提高合同管理水平提供积极、有意义的参考。

本书以国际工程承包项目全生命周期的合同管理为主线，按照合同形成、合同履约、合同关闭的时间顺序编写。全书共8章，内容涉及国际工程承包项目的管理模式、合同条件、价格模式、投标管理、合同条款解析、合同履约管理、合同关闭管理等要素，其中合同财务管理、法律风险管理以及廉洁风险管理则单独成章。

本书对从事国际工程项目管理和合同管理的人员，包括项目经理、合同工程师、商务经理、财务经理、法务经理等具有重要的参考价值，也可以作为工程管理专业学生以及初入行业从业人员的学习和培训资料。本书适用于中国承包商在境外承揽的工程承包类和设备供货类项目。境内实施的具有涉外因素的工程承包项目以及在境外实施的其他类型的国际工程项目，也可酌情参考和使用。

由于国际工程承包项目合同文本种类繁多，为统一编写依据，本书以广泛使用的FIDIC 2017版《生产设备和设计—施工合同条件》（黄皮书）为参照标准。

本书由赵珊珊主编，徐长庆、王员员、鲁力担任副主编。参加撰稿的人员有：第1章，王员员、赵珊珊；第2章，陈磊、阿加克布、王员员、鲁力、赵珊珊；第3章、第4章：鲁力、徐长庆、赵珊珊；第5章，高媛、苏晓明；第6章，张茜雯；第7章，吴琦、袁志；第8章，鲁力、王员员。

本书的编写得到天津大学工程管理系老师们的悉心指导，中国恩菲的段力强、孟秀英、卫红星、马文军、祁馨、唐泽玉、张丽君、张琳、余淼、马沛晨、刘相悦等也提供了大量的帮助，在此一并表示衷心的感谢。

虽然编写团队在本书的编写过程中做出了最大的努力，但是鉴于作者水平所限，书中可能仍存在不妥以及错误之处，恳请读者朋友批评指正，作者谨致谢忱。

编　者
2021年10月

目　录

第 1 章　国际工程承包项目合同管理综述

1.1　国际工程项目

工程项目通常是指一次性的建设任务，产出物是能形成固定资产的建筑物或者构筑物。工程项目以预先设定的目标，包括费用目标、质量目标、进度目标、安全环保目标等为依据进行策划和实施，最终的目的是建成完成一个符合投资方预期的工程。

工程项目大致可分为咨询和承包两大业务类型，其中咨询主要包括全过程工程咨询以及按照项目发展阶段划分的项目规划咨询、项目评估咨询、勘察设计咨询、工程造价咨询、项目管理咨询等。承包则可以分为 EPC 总承包、EPC+运营一体化总承包、工程分项承包等。当工程项目的投资、融资、咨询、评估、勘察、管理、设计、采购、施工、运营等各个阶段或某些阶段的参与者来自不同的国家、地区或国际组织，并且按照国际工程项目管理理念进行管理时，该项目就成了一个集国际经济合作、技术贸易和劳务合作于一体的“国际工程项目”。

1.2　国际工程项目的建设程序

国际工程项目的建设程序一般可以划分为 4 个阶段，即工程项目的策划和决策阶段、准备阶段、实施阶段、竣工验收和总结评价阶段。

1.2.1　工程项目的策划和决策阶段

项目的策划和决策属于项目商务决策阶段，雇主提出项目总体目标和要求，项目策划人员据此展开对项目的系统分析及运筹策划，识别可利用的资源，确认项目商业策略和执行策略，确定概念性的方案并将其工程化，对工程项目建设的必要性、可行性进行评价和论证，从而评估项目能否获得预期的经济效益、环境效益和社会效益。

按照工程项目的生命周期规律，项目策划和决策一般包括以下几个子阶段：投资机会研究（OS，Opportunity Study）或项目范围界定（Scoping Study）、预可行性研究（PFS，Pre-feasibility Study）、可行性研究（FS，Feasibility Study）等。

可行性研究除了常规的做法外，还可以进一步深化为两个特殊的种类，即针对项目融资的银行融资级可行性研究（BFS，Bankable Feasibility Study）和针对项目EPC招标的定义级可行性研究（DFS，Definitive Feasibility Study）。银行融资级可研的概念来自发达国家，顾名思义是为了满足项目向银行融资而进行的可行性研究。银行融资级可行性研究对文件深度和精度的要求较高，一般深度高于我国初步设计阶段的要求，经常达到基本设计的深度。为了确保EPC报价的准确性，定义级可行性研究一般可达到我国施工图深度的30%左右。各个阶段的可行性研究都有其明确的投资概算精度要求，项目雇主一般会分阶段进行商务决策。

1.2.2 工程项目的准备阶段

工程项目的准备阶段是上述策划和决策阶段的延伸，是项目的审核和批准阶段。工程实施前的各项准备工作都需要在这个阶段完成。这些工作主要包括工程项目的基本设计（Basic Engineering Design），在加拿大、澳大利亚又习惯称之为前端设计，即我们常说的FEED（Front-End Engineering Design）。工程项目建设条件的准备，还包括征地及办理各种许可手续、工程项目的招标及承包商的确定、项目承包合同的签订等。

1.2.3 工程项目的实施阶段

工程项目实施阶段是建设周期中工作量最大，管理难度最高，投入资源最多的阶段，项目的设想和目标都要在本阶段实现。这个阶段的工作内容主要包括详细设计或施工图设计（Detailed Engineering Design）、采购以及项目施工等。

1.2.4 工程验收和总结评价阶段

该阶段的主要工作内容包括工程项目的联动试车、试生产、竣工验收和总结评价。通过性能测试并完成移交后，项目的建设工作结束，工程进入缺陷通知期。缺陷通知期满，雇主向承包商签发履约证书，退还项目项下所有担保，承包商合同义务履行完毕，工程项目彻底结束。

1.2.5 国际工程项目建设程序的其他划分方法

不同国家对工程项目的管理制度存在差异，各个项目雇主对于工程建设的理解不尽相同，再加上千差万别的行业习惯，工程项目建设程序的划分，乃至某些阶段的名称和具体工作内容都呈现出个性化和差异化的特点，且与国内常用的划分也有很大不同。

对于国际工程项目的建设程序，大致还存在以下几种常见的划分方式，如将项目划分为启动（Initation）、范围界定（Scoping）、预可研（Pre-Feasibility

Study)、可研（Feasibility Study)、项目承诺（Project Commitment)、执行（Execution)、运营（Operation)、关闭（Closure）等阶段，或将项目的各阶段划分为识别（Identify)、评估（Evaluate)、定义（Define)、设计（Design)、建造(Build)、试车及移交（Commission & Handover)、资产管理（Asset Management)等阶段。在国际矿业行业，一般将项目的生命周期划分为概念研究（Conceptual Study)、预可行性研究（Pre-Feasibility Study)、可行性研究（Feasibility Study)和项目实施（Project Execution）等基础阶段。基于不同项目的情况和需求，项目阶段的划分也时有调整，或增加过渡阶段或几个阶段合并，大型项目在可行性研究完成后往往会增加 FEED 环节，但也有的项目做完定义级可行性研究就直接进行招标。

工程建设各个阶段的进一步细分，又以设计阶段的划分最为复杂。国际工程项目的设计工作，大的节点一般分为商业决策研究阶段的各种可行性研究、审核和批准阶段的基本设计以及项目实施阶段的详细设计，但也有些项目基于习惯和行业特点，使用自己的划分标准。例如在石油化工行业，就把设计阶段划分为工艺设计（Process Design Phase)、基础工程设计（Basic Engineering Design Phase)和详细工程设计（Detailed Engineering Design Phase)。

一般来说，工程建设各设计阶段对工程造价的精度都有相应要求，读者可以参考图 1-1 给出的数据范围，但涉及具体项目时，还应严格按照招标文件及合同约定实施。

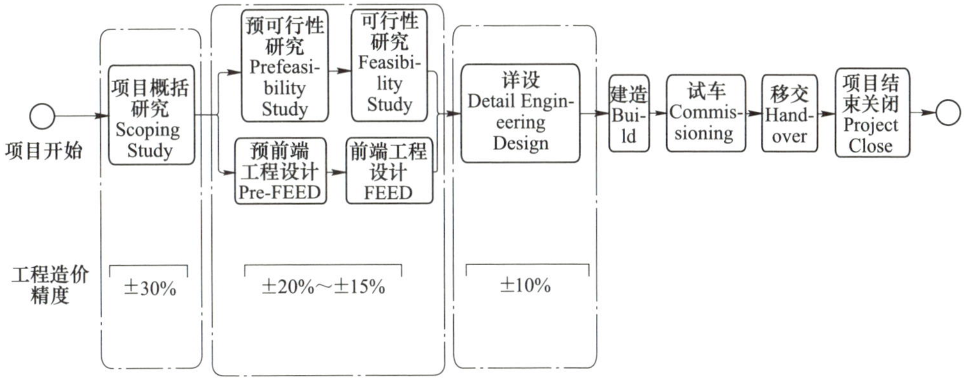

图 1-1 工程建设各阶段设计工作及工程造价精度

不同的项目，即便项目阶段的划分在名称上是一致的，但对设计文件的深度和工作范围的具体要求也可能截然不同。因此承包商不能仅从工作内容的名称上想当然地理解自己在合同项下的责任和义务，而是必须仔细研读招标文件和合同的具体要求，明确项目的工作范围和标准，据此报价并提交项目文件。

1.3 国际工程项目的管理模式

国际工程项目管理模式是指国际上从事工程建设的工程公司或项目管理公司对国际项目进行运作和管理的模式，简单来说，就是项目承包商“做项目”的方式。项目管理模式决定了项目的总体架构、合同管理方式、采购招标方式以及项目各参与方的权利、义务和风险分担方式。管理模式的选择对项目的成功至关重要，具体的工程建设项目应该选用哪种管理模式，一般由专业的咨询公司根据项目的实际情况分析评估后向雇主提出建议，雇主本身具有专业项目管理经验和能力的，也可以根据项目特点自行做出决定。

根据目前国际上通用的做法，可以将工程项目的管理模式分为承包类和管理类。

1.3.1 承包类的项目管理模式

承包类的项目管理模式下，承包商与雇主签订承包合同，作为履约主体按照合同约定对工程项目实行全过程、若干阶段或某一阶段的承包，并对承包的工程负责。比较常用的承包类的项目管理模式主要有设计-招标-建造模式（DBB）、设计-建造模式（DB）、工程总承包模式（EPC）、设计-建造-运营模式（DBO）等。

1.3.1.1 设计-招标-建造模式（DBB，Design-Bid-Build）

DBB 模式也称为平行发包模式，是一种传统的、应用最早的工程项目管理模式，在国际上使用比较广泛。采用 DBB 模式的项目，雇主将工程项目建设的设计、施工等分别委托给不同的单位承担。DBB 模式下，雇主通常与设计单位签订设计合同，委托设计单位完成对项目前期的可行性研究、评估立项以及项目设计工作。随后雇主在设计单位的协助下根据施工图纸编制施工招标文件将项目的施工委托给中标的承包商来实施。建设项目实施期间，雇主可以雇佣工程师为其提供施工管理服务。项目设备的采购工作雇主或自行完成，不列入与承包商的施工合同中，或与施工一同列入合同范围，委托承包商完成，如图 1-2 所示。

对于施工合同部分，雇主通常采用工程量清单计价模式，在清单中给出项目的预估工程量，承包商以综合单价及实际完工的工程量与雇主结算。工程量清单由雇主提供，其准确性和完整性由雇主负责，承包商承担其自主报价的风险。DBB 模式下，由于工程项目的设计和施工由不同的单位完成，可能导致各方责任划分时更多的争端和索赔。FIDIC 编制的《施工合同条件》（红皮书）是使用 DBB 模式的典型合同文本。

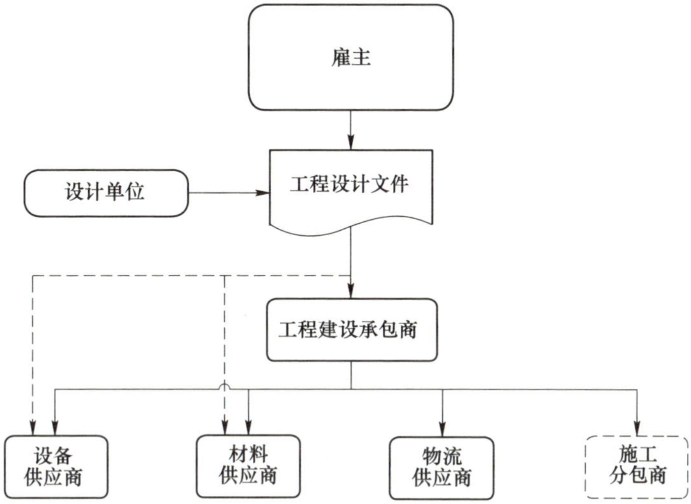

图 1-2　DBB 模式合同关系

1.3.1.2　设计—建造模式（DB，Design-Build）

DB 模式将工程项目的设计和施工交由一家单位负责，解决了 DBB 模式下设计单位与施工承包商的互相推诿。DB 模式下的承包商按照合同约定，负责电气和（或）机械生产设备的供货以及建筑或工程的设计和施工。承包商对工程全过程的造价、工期、质量、安全负责。DB 模式的项目通常以总价合同为基础，但一般保留价格调整条款。对于项目上某些实施难度较高或风险较大的工程也可以采用单价合同的形式。DB 承包商可以利用本公司的设计和施工力量完成全部工作，也可以招标选择设计或施工分包商。项目实施期间，雇主可以雇佣专业工程师对 DB 承包商的工作进行监督管理。FIDIC 编制的《生产设备和设计-施工合同条件》（黄皮书）是使用该模式的典型合同文本。DB 模式合同关系如图 1-3 所示。

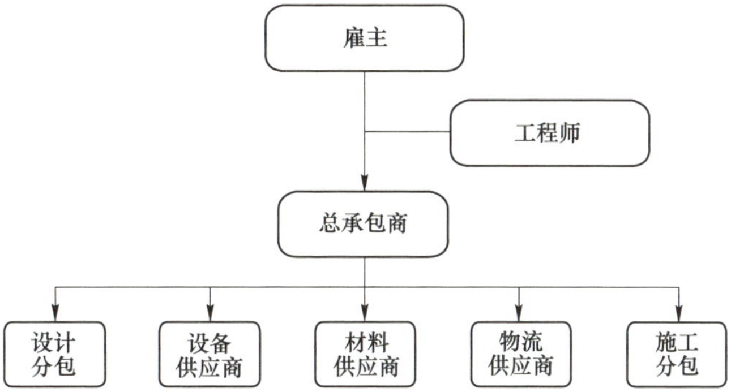

图 1-3　DB 模式合同关系

1.3.1.3 设计采购施工（EPC，Engineering，Procurement and Construction）/交钥匙模式

EPC 交钥匙模式下承包商承担项目设计和实施的全部职责，工作范围一般包括整个工程项目的设计、采购、施工、试车、培训等。承包商负责提供一个配备完善的设施，雇主“转动钥匙”即可运行。在 EPC 交钥匙模式下，雇主较少参与承包商项目管理的具体过程，不再雇佣工程师，而是派遣雇主代表对项目进行监督。承包商在设计优化、组织实施、选择分包商等方面具有更大的自主权和灵活性。EPC 交钥匙模式一般采用固定总价合同，广泛应用于以大型装置或工艺过程为主要核心技术的工业建设领域，如通常包括大量非标准设备的大型石化、橡胶、化工、制药、冶金、能源等项目。

与 DB 模式相比，承包商承担的责任范围更大，工期要求更严格，合同总价更固定，承包商承担的风险也会更多，因此承包商在承接 EPC 交钥匙模式的项目时应慎之又慎。FIDIC 编制的《设计采购施工（EPC）/交钥匙工程合同条件》（银皮书）对应的就是这种项目管理模式（图 1-4）。

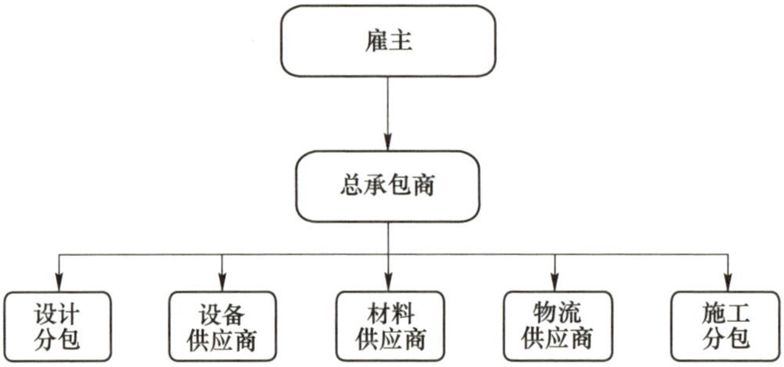

图 1-4 EPC 交钥匙模式合同关系

由于 EPC 交钥匙工程合同条件的特殊性，FIDIC 专门指出它不适用于下列情况：

（1）投标人没有足够的时间和资料来仔细研究和核查雇主要求，或进行设计、风险评估和估算；

（2）建设内容涉及相当数量的地下工程，或投标人未对建设内容所在的区域进行调查；

（3）雇主要求严密监督或控制承包商的工作，或审核大部分施工图纸。

1.3.1.4 DB 模式和 EPC 交钥匙模式的区别

DB 模式与 EPC 交钥匙模式下承包商的工作范围都包括设计、设备供货和施工，合同一般都采用总价方式，两种模式的不同之处体现在以下几个方面：

（1）DB 模式一般允许因某些特殊原因调整合同价格，而 EPC 交钥匙模式的

合同价格更为确定，一般不允许调价；

（2）EPC 交钥匙模式下承包商承担了更多的风险，例如，承包商不但要对自己的设计负责，甚至可能要对“雇主要求”中的某些错误负责，同时还要承担“不可预见的困难”等风险，因此 EPC 项目报价时会考虑更多的风险预备费用，价格通常较 DB 模式更高；

（3）DB 模式下，雇主为了更好地参与及监控承包商的工作，会派驻第三方的专业工程师对项目进行管理和监督，而在 EPC 交钥匙模式下，雇主不再设置工程师角色，仅安排雇主代表对项目进行更为粗放的监管；

（4）DB 模式中的设计（Design）一般是对雇主设计要求和总体规划的细化和优化，而 EPC 的设计（Engineering）不仅包括具体的设计工作，还包括工程的整体策划，各阶段的管理策划，跨专业、跨功能的联动设计、组合设计，生产工艺流程设计等，是更为复杂和庞大的工作。

在国际工程项目管理的实践中，以 DB 和 EPC 交钥匙模式为基础，根据承包范围的不同及项目的实际情况，产生了多达十余种的衍生模式，例如设计供货模式（EP）、设计供货+技术服务模式（EP+S）、融资+总包模式（F+EPC）、融资+总包+运营维护模式（F+EPC+O&M）、建造+转让模式（BT）、建造+运营+转让模式（BOT）等。

1.3.1.5 设计-建造-运营模式（DBO，Design-Build-Operation）

DBO 模式是一种较新的项目管理模式，较多地应用于政府投资的公共设施或基础设施项目上。DBO 模式下，承包商负责工程项目的设计、施工以及一定时期或长期的运营和维护工作。这种模式有利于承包商提高建设效率、降低建设成本并确保工程的建设质量。DBO 模式下承包商承担从设计、建造到运营全过程的所有工作，并对成本、工期、技术和质量等目标负责。FIDIC 编制的《设计、建造及运营项目合同条件》（金皮书）就是对这一模式的最好诠释和应用。

在 DBO 项目运营服务期内（“金皮书”规定为 20 年，也可根据雇主的需要而定），雇主向承包商支付运营管理费用并提供运营所需的原材料等，承包商负责按照雇主的要求按时保质地完成运营工作。雇主按时向承包商付款，但运营的收益一般归雇主所有。DBO 模式中的设计—建造部分采用总价包干的方式，运营部分一般为单价承包。

1.3.2 管理类的项目管理模式

在管理类的项目管理模式下，承包商组建管理团队在项目建设的过程中为雇主提供咨询和管理服务，并向雇主承担项目的管理责任。承包商可单独组建团队承担项目管理工作，也可与雇主组成联合项目管理团队，共同管理项目。管理咨询类的承包商一般不与项目建设实施方（设计单位、施工单位等）存在合同关系，而是受雇主的委托对建设实施方的工作进行管理和监督。管理咨询类的项目管理模式包括设计、采购与施工管理模式、项目管理承包模式、施工管理模式等。

1.3.2.1 设计、采购与施工管理模式（EPCM，Engineering，Procurement and Construction Management）

EPCM 模式广泛应用于国际大型基础设施建设项目，在石油化工、采矿、海水淡化等行业尤其盛行。由于相关国际项目的招标规模和执行难度不断增大，EPC 承包商为了以更确定的价格和工期来完成项目，势必越发充分地考虑项目风险，无形中就抬高了项目的总包报价。雇主不得已可能会考虑诸如 EPCM 的项目管理模式，通过自担部分项目风险的方式达到降低投资的目的。

FIDIC 等国际组织没有为 EPCM 模式编制标准的合同条件，业界对该模式下承包商的工作范围一直也有不同的解读。但普遍的共识认为，与 EPC 交钥匙模式相比，EPCM 模式下承包商主要向雇主提供某些专业服务，有时也负责项目的设计和（或）采购工作，但不负责具体的施工工作，而是作为业主代表对施工合同进行管理和监督，因此承担的项目风险有所降低。由于承包商的工作范围涉及向雇主提供专业服务，EPCM 合同签订时可以参考 FIDIC 编制的《业主/咨询工程师标准服务协议书条件》（白皮书）的相关条款。

对于 EPCM 模式下承包商工作范围的理解，实际操作中主要有以下几种观点：

其中一种观点认为 EPCM 模式就是 EPCm。EPCm 承包商与雇主签订的是一个纯管理合同。承包商作为雇主的代表或工程顾问，与雇主组成项目管理团队，共同行使项目过程控制的职能，对项目设计、采购、施工等各阶段工作的承包商进行严格的监督和管理。EPCm 承包商对项目的实施负有直接的管理责任，承担项目的管理风险。以这种模式执行的项目一般采用固定总价或固定费率的计价方式，承包商的报价通常只包含人工费、管理费等，其他诸如承包商人员的食宿、交通或由雇主直接提供，或通过实报实销的方式由雇主承担费用。这种模式下承包商的风险较小，但是利润也不高。

另一种观点认为 EPCM 模式是 E+PCm，即承包商负责项目的设计（将项目的基本设计或 FEED 成果转化为详细设计）、采购管理、费用控制、进度控制、施工管理等。一般情况下，如果项目的基本设计或 FEED 是由一个具备总包能力的承包商完成的，那么雇主可能会与其约定某些机制，保留雇主要求这个承包商以一个合适的固定总价继续完成项目 EPC 总包的权利。另一方面，雇主在这个阶段已经可以将项目的工艺设计包拿到市场上询价并与上述承包商的报价进行比对，因此项目的成本成为雇主确定项目管理模式的关键因素之一。如果雇主认为 EPC 交钥匙模式下项目的投资总额过高，则可能选择 E+PCm 模式，将项目工作拆分为一个

E+PCm 合同以及多个采购、施工合同。这种模式下的 E+PCm 承包商可以是项目的原设计单位，也可以是雇主重新选择的其他承包商。承包商一般不就项目的整体进度向雇主承担责任，但也可以与雇主签订设有激励条款的承包合同。

还有一种观点认为 EPCM 模式是 EP+Cm，即承包商负责项目的设计和采购（可以是部分采购）以及项目施工阶段的管理工作。显然这种模式下承包商承担的风险与责任相较 EPCm 和 E+PCm 而言更高，因为承包商在设计和采购方面承担全面的成本、质量、安全、进度等风险。但与 EPC 交钥匙模式相比，EP+Cm 模式下，承包商将施工风险转移出去，只承担了现场施工的管理风险，与此同时承包商在岸合同（施工管理合同）的金额较小，也更有利于承包商的合同拆分和税务筹划。承包商在设计和专业设备采购及集成方面具有明显优势，但施工力量相对薄弱时，或者雇主对项目所在国的施工有其他考虑时，可以采用 EP+Cm 的模式签署合同，这种模式一般会签订固定总价合同。

鉴于以上对 EPCM 模式的不同解读，具体项目应对照招标文件及合同约定详细分析承包商的实际工作范围及责任，避免由于对这种项目管理模式的片面理解导致项目面临风险。

1.3.2.2 项目管理总承包模式（PMC，Project Management Contracting）

PMC 也被称为一体化项目管理（IPMT，Integrated Project Management Team），指的是雇主聘请专业的项目管理公司，作为雇主的代表或者延伸，对项目组织实施的全过程或若干过程提供一体化的项目管理服务，从而保证项目的成功实施。

与 EPCm 模式相比，PMC 承包商的合同地位更高，和雇主的结合更加紧密，因而承担了更多的管理责任。一般而言，PMC 承包商的工作范围更广，有些项目上 PMC 承包商从雇主确定项目总目标开始，就介入并主导或全程参与工程融资、编制项目可行性研究报告、环评、安评等项目立项文件，指导雇主完成立项审批的有关程序，为雇主选择设计工艺，编制招投标文件，协助雇主进行招标、投标、评标等工作并提供专业意见，承担项目总体设计、初步设计以及项目建设过程中的 EPCm 监督和管理工作等。若雇主有要求，甚至还能根据管理需要更新团队和引进人才，继续参与项目的运营管理。

PMC 模式适用于规模大、技术复杂、投资主体多元、需要巨额融资、项目前期工作量大的项目，一般采用成本加酬金的计价方式，如果管理承包商只管理项目前期，合同通常为固定总价。

1.3.2.3 施工管理模式（CM，Construction Management）

CM 模式是雇主为了缩短项目周期，而采取的一种有条件的“边设计、边施工”的项目管理模式。与设计图纸全部完成后才能进行招标的模式不同，CM 模式下，雇主聘请的设计单位完成一部分分项工程的设计后，即对该部分进行施工招标并实施。

CM 模式下常见的合同形式有两种，第一种是 CM 承包商与雇主签署咨询管理合同，以雇主代理的身份，对施工承包商进行管理和监督，并收取固定的管理费，雇主直接与施工单位签署分包合同。第二种被称为风险型 CM 模式（At-Risk CM）。此模式下，CM 承包商将更深入地参与项目，在设计过程中，或设计临近结束时，与雇主共同进行施工分包招标或询价，并以招标或询价结果为依据，向雇主承诺保证最大工程费用。工程结算成本超出最大工程费用时，超出部分由 CM 承包商承担，若低于最大工程费用，则结余部分返还雇主。在此模式下，CM 承包商承担的风险更大，但获取的收益也相对较高。

1.4　国际工程承包项目的常用合同条件

国际上常用的工程承包项目合同条件包括：

（1）国际咨询工程师联合会（FIDIC，Fédération Internationale Des Ingénieurs Conseils）编制的各类工程合同条件；

（2）英国土木工程师学会（ICE，The Institution of Civil Engineers）编制的“ICE 土木工程施工合同条件”；

（3）美国建筑师协会（AIA，American Institute of Architects）的“AIA 合同条件”；

（4）英国皇家建筑师学会（RIBA，The Royal Institute of British Architects）的“RIBA/JCT 合同条件”；

（5）美国承包商总会（AGC，Associated General Contractors of America）的“AGC 合同条件”等。

本章将着重介绍 FIDIC 的各类工程合同条件。

1.4.1　FIDIC 合同条件

FIDIC 编制的一系列工程和咨询合同条件，现已成为国际工程界公认的标准合同文件，也是世界银行、亚洲开发银行和非洲开发银行等国际金融组织推荐采用的合同文本，在国际工程界享有很高的声誉和影响力。

目前国际上应用比较广泛的是 FIDIC 1999 年出版的 4 本合同条件，常简称为 FIDIC 1999 版，即：

(1)《施工合同条件》(《Conditions of Contract for Construction》)(红皮书)；

(2)《生产设备和设计-施工合同条件》(《Conditions of Contract for Plant and Design-Build》)(黄皮书)；

(3)《设计采购施工(EPC)/交钥匙项目合同条件》(《Conditions of Contract for

EPC/Turnkey Projects》)(银皮书);

(4)《简明合同格式》(《Short Form of Contract》)(绿皮书)。

2017 年 FIDIC 正式发布了 1999 版系列合同条件中红皮书、黄皮书和银皮书的第二版，即 2017 版。与 1999 版系列合同条件相比，2017 版各本合同条件的应用和适用范围，雇主和承包商的权利、职责和义务，雇主与承包商之间的风险分配原则、合同价格类型和支付方式、合同条件的总体结构都基本保持不变。但 2017 版通用合同条件的篇幅有大幅增加，将更多的内容和细节纳入了通用合同条件，例如融入了很多项目管理理念，增加了许多更加详细和明确的项目管理方面的规定。2017 版合同条件加强了工程师的地位和作用，同时更强调合同双方的风险与责任的对等关系。

1.4.2　FIDIC 合同条件的使用

FIDIC 合同条件在实际操作中可以直接选用。世界银行、亚洲开发银行、非洲开发银行等国际金融组织贷款的工程项目基本都直接选用 FIDIC 合同条件进行招标。

在编制招标文件或合同文本时，也可以借鉴 FIDIC 合同条件中的条款、思路、程序或规定，但不建议选择性地摘录某些条款直接与其他文件拼凑合同文本。FIDIC 合同条件结构严谨，逻辑性强，零星摘录极有可能破坏其原有的逻辑和勾连关系，导致最终形成的合同文件不成体系、内容缺失、风险分担失衡。有些雇主或承包商起草合同时虽以 FIDIC 合同条件为蓝本，但直接或通过专用合同条件对通用合同条件进行大幅删减或修改，这种做法打乱了 FIDIC 合同条件原有的责任义务和风险分配结构，偏离了 FIDIC 合同条件编写的初衷，也是不可取的。

为此，FIDIC 在发布 2017 版系列合同条件时提出了 5 项黄金原则，建议用户在起草专用条件时应严格遵守。这 5 项原则包括：

(1) 合同所有参与方的职责、权利、义务、角色以及责任一般都应在通用条件中默示，并适用项目的需求；

(2) 专用条件的起草必须明确和清晰；

(3) 专用条件不允许改变通用条件中风险与回报分配的平衡；

(4) 合同中规定的各参与方履行义务的时间必须合理；

(5) 所有正式的争端在提交仲裁之前必须提交 DAAB 取得临时性具有约束力的决定。

FIDIC 合同条件在处理雇主和承包商的权利、义务和风险分担方面相对公正，因此承包商也可以通过与 FIDIC 合同条件进行比对的方式发现其他合同或招标文件中潜在的风险，在与雇主谈判时，可以视 FIDIC 合同条件中的规定作为“国际惯例”，要求对方修改或补充某些条款。

1.4.3 FIDIC 2017 版合同条件的特点及适用范围

FIDIC 2017 版 3 本合同条件的特点及应用范畴如表 1-1 所示。

表 1-1 FIDIC 2017 版 3 本合同条件的特点及应用范畴

对比内容	施工合同条件（红皮书）	生产设备和设计-施工合同（黄皮书）	设计采购施工（EPC）/交钥匙工程合同条件（银皮书）
适用范围	主要适用于承包商按照雇主提供的设计进行施工的项目，DBB 模式的项目经常采用该合同条件	主要适用于承包商根据雇主要求，负责项目大部分的设计和施工工作，并可能负责设计并提供某些生产设备的项目，DB 模式的项目可以采用本合同条件	银皮书的承包商以“交钥匙”方式负责项目的设计、采购和施工工作 FIDIC 2017 版银皮书给出了 3 种不适用于银皮书的情况： 1. 如果投标人没有足够时间或资料以仔细研究和核查雇主要求，或进行他们的设计、风险评估和估算； 2. 如果工程涉及相当数量的地下工程，或投标人未能调查区域内的工程（除非在特殊条款对不可预见的条件予以说明）； 3. 如果雇主要严密监督或控制承包商的工作，或要审核大部分施工图纸 FIDIC 建议，在上述 3 种情况下，可以使用黄皮书
设计工作	雇主负责项目的设计并提供施工图，承包商依图施工，承包商有时也可负责部分永久工程的设计	由承包商按照“雇主要求”中的规定提交设计，包括各类技术文件、图纸、竣工文件以及操作和维修手册等	银皮书里的“设计”范围更广，承包商除按照“黄皮书”的要求负责设计并提交各种技术文件外，还可能负责工程的整体规划和方案设计以及整个设计过程的管理等
价格方式	基于工程量清单的单价合同，允许调价	固定总价合同，部分难度大或风险高的工作可采用单价合同，允许调价	固定总价合同，除非在专用条款中明确约定，否则一般不允许调价
风险分担	雇主承担合同项下的主要风险，包括设计风险、法律变更风险、工程量变化风险、物价浮动风险（工期较长的项目）、不可预见的物质条件风险和例外事件的风险，承包商承担施工风险	雇主承担部分设计风险（雇主要求错误的风险）、法律变更风险、不可预见的物质条件风险和例外事件的风险，而承包商承担绝大部分的设计风险、工程量变化的风险以及“满足合同规定的工程预期目的”的风险	雇主承担法律变更和例外事件的风险，承包商承担合同项下的绝大部分风险，例如设计风险（包括雇主要求中的某些错误及现场数据的错误等）、工程量变化风险、物价、汇率浮动风险、不可预见的物质条件的风险以及“满足合同规定的工程预期目的”的风险

续表 1-1

对比内容	施工合同条件（红皮书）	生产设备和设计-施工合同（黄皮书）	设计采购施工（EPC）/交钥匙工程合同条件（银皮书）
雇主对承包商的管理深度	雇主雇佣工程师，对承包商的工作进行管理和监督。红皮书是雇主对承包商管控最细致、最严格的合同条件	雇主雇佣工程师对承包商进行比较严格的管理，对承包商的项目经理及关键人员任职资格进行审查，要求承包商项目经理常驻现场，施工设备不得随意出场等	雇主对承包商的管理相对比较宽松，不再雇佣工程师，而是派雇主代表直接管理，这说明雇主不对项目的实施过程介入太多，但在项目性能试验、竣工验收等环节，雇主要求严格
承包商可以拒绝变更指令的情况	1. 变更的工作根据规范规定的范围是不可预见的，即变更的工作超出原有范围； 2. 承包商难以获得变更所需物品； 3. 变更严重影响承包商遵守健康与安全义务和（或）环境保护规定	1. 对性能保证计划的实现有不利影响； 2. 对实现工程目的和工程完成产生不利影响； 其他与红皮书相同	
争端处理	2017 版 3 本合同条件均要求将争议避免与裁决委员会（DAAB，Dispute Avoidance and Adjudication Board）作为常设机构，并约定合同数据应当载明任命 DAAB 成员的期限，在合同数据没有载明的情形下，默认应当在双方签署合同后 28 天内任命 DAAB 成员； 合同当事方在选择 DAAB 裁决时应考虑其在法律效力、经济成本、时间效率方面的问题		

1.5 国际工程承包项目的合同管理

国际工程承包合同界定了建设主体各方的基本权利和义务，是各方履行义务、享有权利的法律基础，也是处理工程项目实施过程中出现的各种争执与纠纷的法律依据，合同各方在项目建设中的活动都要受到合同的约束，因此合同的制定和管理是做好国际工程项目的关键。广义上讲，工程项目的实施和管理等活动都可以纳入合同管理的范畴，合同管理的过程就是合同形成、合同履约、项目实施的过程，就是把合同约定具象化成工程项目的过程。合同管理做得好，可以为雇主节约投资，为承包商赚取利润；合同管理有失误，轻则影响项目质量、进度、成本、安全，重则可能导致项目失败。因此签约各方必须尊重合同，加强对合同的管理力度。

国际工程承包合同的生命周期可以划分为 3 个阶段，即合同形成阶段、合同履约阶段以及合同关闭阶段。合同管理工作贯穿于合同的整个生命周期，主要工作内容包括合同形成阶段的项目招投标、合同谈判、合同评审及签订，合同履约阶段的合同交底、项目策划、合同实施以及合同关闭阶段的项目收尾、合同结算、资料归档、合同后评价等。

国际工程承包项目的合同管理应树立正确的合同管理意识和理念，摒弃“重技术、轻合同”的做法，避免将国内项目管理的做法简单移植套用到国际工程项目中。国际工程项目应坚持合同管理是项目管理核心的理念，将合同管理贯彻和渗透于项目管理的各个环节、程序和要求中，对合同进行全过程的、全方位的、动态的专业化管理。

第 2 章　国际工程承包项目合同形成阶段的管理

2.1　国际工程承包项目投标阶段的合同管理

2.1.1　投标策略

影响投标成功的关键因素主要包括成本估算、项目风险评估、预期利润、市场条件、竞争程度、公司的实力与规模等。因此，承包商应根据实际情况，结合自身战略规划目标、经营目标以及内部资源和外部环境，按照项目的具体特点、类别、施工条件、风险等综合评价，从整体和长远利益出发，综合风险偏好的影响，进行投标筹划。坚持“双赢”“互惠”的原则，诚信经营，实现可持续发展。

2.1.2　招标文件的审核

国际工程项目的招标文件是一套完整的文件体系，按照不同的功能可以将招标文件分为 3 大类，即：

（1）对招标规则和项目情况等进行说明的解释性文件，一般包括招标公告、投标邀请书、投标人须知、评标办法、投标文件格式等，这些文件向投标人介绍招标项目的需求和招投标活动的规则；

（2）对招标项目进行全面详细描述和要求的主体文件，一般包括合同条件、技术规范、图纸、工程量清单、投标书和投标保证格式、合同协议书等，这些文件也是合同文件的重要组成部分；

（3）项目相关参考资料，例如项目所在地气候、地质、水文等参考资料。

承包商投标团队拿到招标文件后，应尽快组织人员对照招标文件的总目录，逐一检查招标文件是否齐全，并通读招标文件，重点关注投标人须知、合同条件、技术规范、图纸及工程量清单等内容，弄清招标项目的核心要求和关键要素。一般情况下，招标文件的审核要点包括以下内容。

（1）项目承包类型。

（2）项目建设目的和背景。

（3）雇主要求。

（4）适用法律。

（5）工作范围。

（6）明确计价方式、合同价格的组成和计算依据，以及变更的条件。

（7）项目资金来源和融资渠道。

（8）雇主注册信息和资信情况。

（9）合同生效和项目开工的必要条件，确定工期的起止定义和重要节点或里程碑的定义，明确工期延误的赔偿条款，包括赔偿数额或比例、最大赔偿金额以及是否与终止合同挂钩。

（10）明确性能担保值，约定性能损害赔偿的比例或数额、最大赔偿金额以及是否与终止合同挂钩。

（11）合同违约最大责任限度。

（12）确定预付款保函、履约保函和质保金（保留金）保函的金额及其生效、递减和释放的条件。明确预付款的支付比例、支付方式和扣还方式。

（13）明确是否扣留保留金、是否以保留金保函代替保留金，以及保留金的比例、缺陷通知期限和保留金的释放方式。

（14）明确合同进度款的支付条件和支付方式。

（15）明确支付币种及其比例，了解项目所在地外汇管制条件。

（16）明确雇主或工程师对承包商提交物的审批范围、程序、时限及审核次数。

（17）雇主应承担的风险范围和边界条件。

（18）选择分包商的权限和条件，包括对分包商资质、业绩、人员和设备的要求以及雇主的审批权限。

（19）雇主对其正式提供的原始材料、数据的正确性所承担的责任。

（20）项目适用的技术标准和规范。

（21）项目竣工试验及验收的程序、方式及试验项目，确认验收及移交的达标要求以及颁发接收证书的条件。

（22）性能担保值及其考核程序和方式以及雇主颁发履约证书和最终完工证书的条件。

（23）明确税费责任划分，包括关税、增值税、预扣税、所得税、市政税等。

（24）外籍员工和当地员工的比例要求和劳务管理责任。

（25）工程保险的办理要求和涵盖的内容。

（26）雇主及承包商违约应承担的责任及处理方式。

（27）雇主和承包商各自有权终止合同的条件。

（28）合同变更及索赔的条件和程序。

（29）争议的解决方式以及仲裁机构、地点、程序和仲裁结果的约束力。

2.1.3 投标书的编制

投标书分为技术标和商务标，商务标部分主要是投标报价。投标报价应遵循以下原则。

（1）合规原则。报价工作必须遵守中国及报价涉及国家和地区的相关法律法规、上级主管单位及承包商相应制度规定。

（2）市场导向原则。依据承包商市场战略及核心竞争力，分析目标市场占有率和竞争对手，结合客户及项目特点、市场价格水平和行业惯例等因素进行报价。

（3）合理利润原则。报价应覆盖成本，保障承包商的合理利润。

（4）风险可控原则。报价过程应充分考虑项目风险，做到风险可控。

（5）高效原则。提高报价响应速度，应按招标文件及报价要求及时、准确进行对外报价。

（6）书面原则。以书面形式对外报价。

（7）严肃审核原则。在项目前期雇主口头询价和预报价阶段，项目报价须按照规定向相应审批层级汇报批准后方可对外报出，不应随意报价。

2.2 国际工程承包项目的合同评审

国际工程承包项目的合同评审应对合同的技术部分和商务部分分别进行评审。先进行技术评审，再进行商务评审。参加评审的部门应从各自的专业角度，根据以往的项目经验和所掌握的信息，对合同中存在的问题提出质疑，并及时与其他专业沟通，切忌在合同评审时将商务和技术完全割裂，出现互不通气、各自为政的情况。

2.2.1 技术评审

国际工程承包项目的招标文件以及合同文本中含有大量的技术附件，包括雇主要求（employer's requirements）、技术规范（specifications）、技术工作范围（technical scope of work）、设备数据表（equipment datasheet）、工程量清单及资料表等，这些技术附件是承包商执行合同的准绳，也是雇主接收项目的依据。合同技术评审就是要设立技术专家小组对这些技术附件仔细研究，吃透技术规范及图纸等方面的技术问题，分析“雇主要求”中提供的技术标准、工艺和设备性能要求，包括雇主提供的原始技术资料中数据是否够用，是否正确，技术要求是否合理，承包商的技术水平能否满足要求，特别要注意有哪些技术方面的风险，合同报价中对于这些技术风险的风险准备金考虑是否充足，项目进度计划是否已针对这些技术风险打出余量，是否在合同条款中安排了其他风险防范措施（例如购买保险）来化解这些技术风险。

2.2.2 商务评审

项目商务评审应涵盖商务合同的各个方面，不同专业的人员负责重点审核与本专业相关的内容。承包商进行国际工程合同商务评审应结合“2.1.2 招标文件的审核”小节中所述内容，综合审查如下各项内容。

（1）合同模式类型（EPC、EP、PC、DB、BT等）。

（2）承包方式（总承包、联合体、联营体）。

（3）项目投资总额。

（4）雇主自有资金比例、贷款比例以及贷款类别。

（5）雇主工作范围描述。

（6）证照许可办理约定。

（7）“三通一平”工作范围约定。

（8）雇主提供资料的约定。

（9）不可预见困难的处理方式。

（10）承包商工作范围描述、工作界区划分及接口描述。

（11）适用技术标准。

（12）合同价格形式（单价、总价、成本加酬金等）。

（13）合同币种（包括汇率、调价约定等）。

（14）合同价格及价格调整方式。

（15）税收种类及税率。

（16）合同要求的保险种类、赔偿限额、免赔额、有效年限。

（17）项目运输方式。

（18）保函种类、保函金额、退还方式、开立年限、开立银行要求。

（19）支付条件及支付方式。

（20）项目工期、生效及开工条件。

（21）缺陷通知期、最长延长时间约定。

（22）合同分包约定。

（23）合同允许变更种类、变更引起的费用及工期约定。

（24）竣工试验的种类。

（25）接收证书的种类及颁发条件。

（26）合同允许索赔种类及处理机制。

（27）合同允许暂停种类、暂停费用及工期调整、触发终止条款约定。

（28）合同允许终止类别、终止后付款及结算约定。

（29）责任限额的约定、损害赔偿种类及最大责任上限。

（30）例外事件的种类及暂停、终止后的处理机制。

（31）适用法律及争议解决方式。

（32）合同文件的组成及其先后顺序。

2.3　国际工程承包合同主要条款

合同谈判的成果最终将以合同条款的形式形成书面文件，成为后续项目实施的依据和准绳。国际工程承包合同的关键条款是合同双方谈判和争论的焦点，也是双方博弈的重点。因此为了确保合同的有效性并最大限度地控制项目风险，必须对合同条款严格审查。合同条款应齐备，措辞应准确，尤其是下列关键条款。

2.3.1　定义

一份完备的合同，尤其是国际工程承包合同，其第一条基本都是定义（Definitions）。FIDIC 2017 版黄皮书中定义就有 90 个之多，有些合同的定义甚至达到一两百个。定义条款的目的是对合同中使用的措辞和术语的含义做出明确的规定，以帮助理解和解释合同条款。准确的术语定义会大大减少争端，并推动项目的顺利实施。

国际工程项目相关人员收到合同后，应首先阅读定义条款，以准确理解合同中经定义的术语的具体含义。

撰写或审核合同定义条款时，需要注意的如下问题。

（1）合同书写语言为英语的，一般被定义的术语的每个单词（虚词除外）的首字母都要大写，也有的合同是将所有被定义的术语全部大写。合同条款中首字母大写和首字母小写的同一个词组或词语的含义是不同的，首字母大写的词语特指定义条款中出现的术语，而首字母小写的词语或词组则没有特定含义，只是普通的指代。

（2）应反复推敲合同中关键术语的定义，避免出现定义不清晰、不完整、不一致，从而导致合同出现歧义或不确定性。

（3）如果合同中的多个定义之间存在嵌套关系，要注意起草的顺序及内含的逻辑关系。

（4）以 FIDIC 合同条件为通用条件的合同，定义要重点关注成本（费用）、利润相关的词汇，应注意区分与使用，避免出现索赔时，因合同用词不当，出现只能索赔成本，不能索赔利润的情况。

（5）要注意基准日期、开工日期、竣工日期、缺陷责任期等关于时间与期限的名词定义，避免项目工期、主要时间点约定不明的问题。

（6）研读含有已定义的术语的合同条款时需要特别注意，建议与合同的定义条款对照阅读，避免由于未完全掌握术语含义导致对合同条款的理解出现偏差。

2.3.2 法律和语言

法律和语言（Law and Language），合同适用法律是合同双方按照意思自治原则约定的用来解决当事人之间关于合同的签署、履行、效力、灭失、纠纷等问题的法律体系。合同适用法律应尽量争取采用熟悉的法律，一般情况下采用雇主和承包商所在国之外的第三国的法律。目前应用较为广泛的是英国法和瑞士法。

《联合国国际货物销售合同公约》（以下简称《公约》）缔约国之间属于《公约》管辖范围的贸易直接适用《公约》。有时为了避免《公约》与合同适用法律的冲突，可以直接约定排除《公约》的管辖。

合同语言的约定也是非常重要的条款，建议使用擅长或常用的国际语言作为合同语言。如果雇主要求合同同时以英语和当地语言对照书写，承包商可尽量争取合同语言以英语的效力优先。如果必须使用小语种作为合同语言，应尽量争取将英语增加为工作语言，以尽量减少操作层面的困难。

2.3.3 合同文件的组成

合同协议书中应指明合同文件的组成（The Contract）。FIDIC 2017 版黄皮书中合同文件的组成包括如下部分：

（1）合同协议书（Contract Agreement）;

（2）中标函（LOA，Letter of Acceptance）;

（3）投标函（Letter of Tender）;

（4）合同协议书附录（Addenda of the Contract Agreement）;

（5）合同条件（Conditions of Contract）;

（6）雇主要求（Employer's Requirements）;

（7）资料表（Schedules）;

（8）承包商建议书（Contractor's Proposal）;

（9）联营体承诺书（JV Undertaking）以及在合同协议书或中标函中列出的其他进一步的文件（如有）。

构成合同组成部分的其他文件，应在合同中有明确约定，否则存在无法被认定为合同文件的风险。这些文件应包括合同签订后双方达成一致并签署的补充协议、备忘录、会议纪要、修正案、其他洽商和变更文件等。此外，合同中还应约定，上述文件作为合同相关文件的修改和补充，具有更高的法律优先地位。

国际工程项目从招标到履约完成的过程中，合同双方要召开大量的会议和磋商，很多项目上的重大问题，都是通过会议反复协商讨论后决定的。做好会议纪要并及时签署确认是十分必要的。合同双方一旦发生纠纷，在没有其他文件或资料可查时，项目人员个人的工作或会议记录都有可能被作为佐证使用。对于涉及变更、索赔等事项的重要会议纪要一定要合同双方授权代表签字确认，同时还应按照合同关于变更、索赔的相关规定，及时编制或签署相关文件。

2.3.3.1　合同协议书

合同协议书（Contract Agreement）简称协议书，是指在招标完成后雇主与中标的承包商签订的用来确认双方合同关系的书面文件，属于合同的纲领性文件，并由合同双方签字盖章。协议书的内容一般包括工程范围、合同价格、合同文件组成、项目工期、合同生效条件、开工日期及违约赔偿金额度等内容，但也有简明格式的协议书。除非另有规定，双方应在承包商收到中标函后35天内签署合同协议书。

2.3.3.2　中标函

中标函（LOA，Letter of Acceptance）是雇主在确定招标结果后向中标的承包商发出的函件。中标函对雇主和中标的承包商均具有法律效力，中标后无论是中标承包商还是雇主，如果拒签合同都应当承担违约责任。中标函应载有明确的中标承包商名称、项目名称、中标价格等关键信息以及双方签订合同的时间要求等。

2.3.3.3　投标函

投标函（Letter of Tender）是指由投标人按照招标文件的要求，向招标人提交的有关工程报价、项目目标等承诺和概括说明的函件，篇幅一般不大，是投标文件的首要部分。

2.3.3.4　合同条件

合同条件（Conditions of Contract）是合同文件的重要组成部分，是合同执行最重要、最根本的依据。合同条件详细规定了合同双方的权利、义务，明确了双方风险划分的原则。FIDIC合同条件是目前国际上广泛使用的合同条件，分为通用合同条件（GCC，General Conditions of the Contract）和专用合同条件（PCC，Particular Conditions of the Contract）。通用合同条件是根据法律、行业规范及一般工程项目的需要编写的、通用于建设工程的基准条款；专用合同条件是合同双方针对自身项目的情况通过博弈后对通用合同条件的细化、补充或修改，是专用于特定项目的合同条件。专用合同条件的效力优于通用合同条件。

2.3.3.5　雇主要求

雇主要求（Employer's Requirements）一般出现在需要承包商负责设计的设计、建造或总承包合同文件中，是指在合同中名为雇主要求的文件，以及按照合同规定对此类文件所做的任何补充和修改。雇主要求列明了工程的目的、范围以及设计和其他技术标准，雇主在这份文件中罗列了其对项目的各种要求和期望，包括项目的工程条件、功能要求、技术标准、供货范围、施工范围等，是承包商执行项目的重要文件和依据。但是一般的国际工程项目，招标文件中的“雇主要求”并不能提出一个完全封闭的边界条件，这就要求承包商的项目团队充分利用自身的设计管理、项目管理能力在项目投标时候封闭项目的敞口部分，报价时明确项目的设计、工程量的参数，从而使项目有一个明确的边界。根据 FIDIC 2017 版黄皮书的约定，雇主要求主要包括下列事项。

（1）承包商文件的份数。

（2）雇主取得的许可。

（3）基础、结构、生产设备分阶段的占用权或进入方法。

（4）要求达到的工程预期目的。

（5）在现场的其他承包商。

（6）放线的基准点、基准线和基准标高。

（7）第三方。

（8）环境约束。

（9）现场可供的水、电、燃气和其他服务。

（10）雇主设备和免费供应的材料。

（11）设计的标准。

（12）要求的承包商文件以及是否需要经过批准。

（13）技术标准和建筑法规。

（14）对雇主人员的操作培训。

（15）操作和维修手册。

（16）为人员提供设施。

（17）竣工试验。

（18）未能通过竣工试验的损害赔偿费。

（19）竣工后试验。

（20）未能通过竣工后试验的损害赔偿费。

（21）暂列金额。

国际工程的设计标准和技术规范会对设备的材料、工艺甚至分包商的资格等做出详细要求。在雇主要求中，技术附件与合同文本的一致性、合同范围、工作的边界条件、设计标准、性能考核、施工质量、雇主的设计审查等都应该是技术评审的重点。

根据 FIDIC 黄皮书的约定，如果在雇主要求中存在错误，而且这个错误是一个有经验的承包商在进行认真详查后也难以发现的，那么一旦这个错误对承包商造成工期延误或费用增加，承包商是可以向雇主要求工期延长并补偿费用及合理利润的。但是 FIDIC 银皮书则将雇主要求出现的错误、不准确信息或者遗漏等情况带来的风险基本都转嫁给了承包商。

2.3.3.6 资料表

资料表（Schedules）由承包商填写并随投标函一起提交给雇主，内容可包括：数据、各类表册、保函要求、付款计划表以及价格表等。工程项目的工作范围广，情况复杂，一般都要求提交详细的分项价格表，每个或某些分项还需要提供进一步的价格明细。项目执行过程中如果出现工程内容的变更、索赔等情况，在合同文件中加入较为详细的合同价格分项表将有利于合同双方在出现争议时快速确定相关工作的价值。

2.3.3.7 承包商建议书

承包商建议书（Contractor's Proposal）是承包商随投标函提交的名为建议书的文件，此项文件可以包括承包商的初步设计，也可以包括承包商的设备方案、分包方案等。

2.3.3.8 联合体承诺书

在实践中，大型复杂的工程项目对资金、技术、承包商资质等要求比较高，单靠一个承包商的力量可能无法顺利完成项目，雇主通常要求或者接受联合体投标，这时几个承包商就可以联合起来集中各自的优势以一个联合体投标人的身份参加投标。联合体承诺书（JV Undertaking）是由组成联合体投标的各方签署并提交给雇主的书面文件，文件内容至少应包括：（1）联合体各方在合同项下对雇主承担连带责任；（2）明确联合体成员的牵头方；（3）列明各联合体成员在合同项下的工作范围。

除了提交给雇主的联合体承诺书以外，联合体各成员之间还应签署更为翔实、具体的内部联合体协议，对各成员之间的权利、义务进行更为明确的划分和约定。

2.3.4 合同文件优先次序

合同文件优先次序（Priority of Documents），工程合同往往由多个文件组成，当同一件事情在合同中的不同地方或不同文件中出现，且表述不一致时，需要一项文件优先性的规定来解决这一矛盾。FIDIC 2017 版黄皮书对国际工程合同的优先性条款有明确规定。

构成本合同的文件被认为是互做说明的。为了解释的目的，构成合同文件的优先次序如下：

（1）合同协议书；

（2）中标函；

（3）投标函；

（4）合同专用条件-合同数据；

(5) 合同专用条件-专用条款;
(6) 合同通用条款;
(7) 雇主要求;
(8) 资料表;
(9) 承包商建议书;
(10) 联合体承诺函以及构成合同的任何其他文件。

如文件中发现有含糊或矛盾之处，承包商应迅速向工程师发出通知，工程师接到通知后将发出必要的澄清或指示。

2.3.5 权益转让

权益转让（Assignment），国际工程合同一般约定一方不得在未征得另一方书面同意的情况下将合同的全部或任何部分或合同中或根据合同所具有的利益或权益转让他人，否则构成根本性违约。但也有合同会保留雇主转让合同的权利，约定雇主可以将合同转让给项目融资方或雇主的子公司、集团内兄弟公司等。承包商在前期谈判时应争取保留承包商合理拒绝的权利，以免雇主将合同随意转让给履约能力、支付能力不明的第三方，为工程的执行带来潜在风险。

2.3.6 责任限度

承包商合同责任是承包商因违反国际工程承包合同约定的义务、合同随附义务或违反《合同法》规定的义务而产生的责任，是违反合同义务的产物。

合同中的责任限制条款是合同双方当事人在合同中约定的、为免除或者限制一方或者双方当事人未来责任的条款。责任限制（Limitation of Liability）包括对责任的时间限制，也包括对责任的赔偿金额限制。国际工程合同中关于缺陷通知期或者保修期的规定，就是责任的时间限制；本条所说的承包商最大责任限度是指承包商责任的赔偿金额限制，即在合同中将承包商的赔偿责任限制在一定限额内，当承包商给雇主造成的损失超过这一限额时，承包商仅需在限额范围内承担赔偿责任，即视为其已履行责任限制适用范围内的全部赔偿责任。

责任限制条款是合同双方在订立合同时，对合同风险的一种商业分配，同时也是一种自我保护。根据大部分国家的法律规定，合同当事人依据意思自治的原则，在合同中约定的责任限制条款是有效的。责任限制可以是全部限制，也可以是部分限制，比如，完全免除某种或者某类责任，或者限制责任所对应的赔偿数额等。在合同订立过程中，要根据具体项目的实际情况，协商确定责任限制条件。

约定最高责任上限时要根据项目的具体情况，综合分析引发承包商最大赔偿责任的风险事件发生的概率以及项目预期成本和利润指标等，但最高限额一般不应高于合同总额。承包商应尽可能降低合同约定的最高责任限额，并详细约定合同终止时违约赔偿的计算方法或限额，避免承担过多风险。

合同中一般会同时规定责任限制的除外事项，比如欺诈、故意违约、重大过失、轻率的不当行为不在责任限制范围内，或者没有责任限额。另外违约方因合同产生的侵权责任（例如侵犯知识产权、对合同缔约方以外的第三方人员造成的人身伤害、财产损失等）是与违约责任不同的法律责任，通常也不受合同责任上限的限制。

合同中一般应明确约定“间接损失除外”条款，即合同任何一方对另一方的赔偿，仅限于因违约所造成的可以合理预见的直接损失，而不对另一方可能遭受的与合同有关的任何工程的使用损失、利润损失、营业中断、财产使用损失、其他机会成本损失，或对另一方可能遭受的与合同有关的任何间接的、特殊的、特例的损失承担赔偿责任。

另外，关于“间接损失”的英文描述，不同国家有不同的叫法，仅使用“indirect loss”或者“consequential loss”可能会导致意思表示不明，或者产生歧义。因此，除非咨询了专业律师的意见，否则“间接损失”建议用“indirect or consequential loss or damage”来表示，不建议仅用“indirect loss”或者“consequential loss”。

2.3.7 现场进入权

现场进入权（Right of Access to the Site）的“现场”是指永久工程将要实施且永久设备和材料将运达的地点以及合同中规定为现场一部分的其他地点，承包商自己征得的工作区域，比如临时存放材料、设备的地点或大型设备的预组装场地等，并不是合同中规定的“现场”。在合同约定的时间内向承包商移交合格的现场是雇主的职责，现场的合格性主要表现在承包商可以按照自己的施工规划开始现场的工作，而不应再有任何障碍，这些内容包括但不限于按照合同规定应由雇主负责的施工许可取得、进场道路就绪、场平就绪、安保就绪、水电气接入就绪、通讯线路就绪等条件。因此国际工程合同中应注意说明移交现场的条件和时间安排。

2.3.8 项目许可、执照或批准

项目许可、执照或批准（Permits，Licenses or Approvals），任何一个项目的开工必须获得当地政府有关部门的许可、办理施工所必需的执照和各类批准，以确保项目实施过程的合法性和连续性。因此，合同中应规定谁在项目开工前负责办理这些手续，并保证在项目实施期间持续有效。事实上，审批许可的责任归属是合同谈判过程中经常需要雇主和承包商反复磋商的话题，一般应本着“便利原

则”确定责任归属。项目所在国对于项目在税收、通关、分包采购、劳工、外汇管制、工作许可等方面的优惠或许可，应由作为东道主的雇主负责办理，此外雇主还应为工程获得规划、征地和其他合同约定的许可、执照或批准。对于项目执行中涉及的其他需要承包商办理的许可、执照或批准，应由承包商负责申请，雇主提供“合理协助”。

如果项目处在经济欠发达，存在腐败风险的国家或地区，许多审批、许可的获取难度可能会更高，因此承包商需要进行更加严密周详的筹划，并酌情考虑办理许可、执照或批准可能要付出的时间和费用。

2.3.9 雇主的资金安排

雇主的资金安排（Employer's Financial Arrangements），按合同规定的方式及时支付进度款，保证项目的顺利实施，是雇主义不容辞的合同责任，也是承包商最为关心的问题。根据 FIDIC 合同条件，承包商有权在任何时候对雇主的资金状况进行了解。雇主应在收到承包商要求的 28 天内，提供项目资金安排的合理证明，否则承包商有权暂停，并最终终止合同。如果雇主想要对其资金安排做任何重要改变，也应将其变更的详细情况通知承包商。

FIDIC 合同条件对雇主应提供的合理的资金安排的证明并未做详细约定，这里的“合理证明”到底指什么是一个比较模糊的概念，需要雇主和承包商在操作层面磋商一致。

2.3.10 雇主责任

雇主责任（Employer's Responsibilities）即国际工程承包项目的雇主在合同项下应该承担的责任和义务。雇主的责任就是承包商的权利，合同执行过程中一旦出现雇主不按合同约定履行责任的情形，承包商就可以依约向雇主提起索赔。FIDIC 2017 版合同条件，对于雇主责任的描述散落在“现场进入权”“雇主对承包商的协助”“不可预见的物质条件”“因法律改变的调整”“雇主的资金安排”“例外事件”等多个合同条款中，雇主责任主要包括以下内容：

（1）雇主应在合同约定的时间内，向承包商提供进入和占用现场的权利；

（2）雇主应为项目获得规划、征地和其他合同约定的许可、执照或批准；

（3）雇主应取得与合同有关的但不容易得到的工程所在国的法律文本，并为承包商申请其责任范围内工程所在国要求的许可、执照或批准提供合理协助；

（4）雇主应对其正式提供的原始基准点、基准线和基准标高等原始资料的正确性负责；

（5）雇主应对项目执行所需的资金做出妥善安排，并按照承包商的请求提供资金合同安排的证明；

（6）雇主承担在基准日后由于项目所在国法律变更而对项目产生的工期和费用的影响；

（7）雇主应及时向承包商发出变更、指示，及时确认、答复承包商提出的各类问题、申请、变更等；

（8）雇主应根据合同的规定向承包商支付合同款项；

（9）雇主应承担不可预见的物质条件，包括自然物质条件、人为的及其他物质障碍和污染物，包括地下和水文条件，但不包括气候条件，所带来的工期和费用风险；

（10）雇主应保障承包商免于因雇主侵犯他人知识产权而遭受任何索赔；

（11）雇主应对因项目所在国政治因素产生的例外事件承担向承包商补偿工期和费用的责任，战争则不论是否发生在项目所在国都由雇主承担责任。

2.3.11 合同工作范围

合同工作范围（Scope of Work）即工作范围在合同中的描述，雇主希望尽量宽泛，以防漏掉一些工作要求，将来引发变更索赔而导致工程超工期、超预算。除了明列的内容外，雇主往往要求增加“implied by the contract”（合同暗含的）或者“good industry practice”（良好的行业惯例）之类的词语以对承包商的义务和工作范围进行模糊化的宽泛表述。而承包商则要尽可能地争取这部分内容描述得具体些，尤其是某些工作界面以及可能与其他承包商的工作接口、工程的验收标准等，以防止承包商的责任被无限扩大。报价时，承包商应对工作范围中一些模糊描述给予高度重视，同时，应尽可能在投标时或合同谈判时要求雇主对表述模糊的内容给予书面澄清。此外，合同双方还可以编制界区分工图，对项目的工作范围、界区、责任界面以红线图形式进行明确。

2.3.12 雇主数据的遗漏或错误

雇主数据的遗漏或错误（Ommissions，Errors in Employer’s Documents），由于前期工作深度的局限性，雇主在招投标阶段及合同签订前提供的项目数据信息，往往与项目执行过程中的实际数据存在一定的偏差。因为项目基础数据的改变而导致设计、施工等环节发生变更及索赔的情况在实际项目执行中时有发生，而此类变更一旦出现，通常会被归为项目的主要或重大变更事项，对项目的费用、工期及实现项目目的产生十分重要的影响。为了避免在项目执行过程中雇主与承包商就雇主数据的问题产生矛盾纠纷进而影响项目的实施，在合同订立过程中应对雇主提供数据进行详细约定，并要求雇主对其提供数据的准确性负责。

参考 FIDIC 2017 版合同条件约定，涉及雇主数据的相关条款主要包括：

（1）雇主要求中的错误；

（2）现场数据和参照项、放线、现场数据的使用；

（3）一般设计任务。

2.3.12.1 雇主要求中的错误

对于雇主要求中的错误，建议在合同中明确约定要允许承包商对雇主要求中存在的错误提出变更和索赔，雇主通常会在合同中设定一个承包商发现、验证数据错误的时间期限（一般约定为开工后42天内），在上述时间期限内，若承包商向雇主指出雇主要求中的错误，雇主应允许承包商对该部分内容提出变更和索赔；若超出合同中约定的时间期限，例如按照FIDIC 2017版黄皮书的约定，可以交由工程师进行判定，若认定为一个有经验的承包商无法发现的错误，则仍可按照变更和索赔来进行处理。但银皮书没有工程师的角色，雇主数据风险均由承包商来承担。因此在实际合同签约过程中，（1）要明确雇主对哪些数据负责，是否允许承包商对雇主数据错误提出变更和索赔；（2）在合同中确定雇主有无设定允许承包商提出异议的时间期限；（3）对于承包商向雇主提出的索赔要允许包括工期、成本和利润的补偿。

2.3.12.2 现场数据和参照事项

合同中的“现场数据和参照事项”条款通常作为“放线”及“现场数据的使用”两个条款的总述，上述3个条款涉及的雇主数据可分为3类：

（1）参照项：指项目的原始勘测控制点、基线及参考标高等信息；

（2）雇主要求（参照项以外）：包括项目的性能指标、设计标准要求、计算说明等其他数据；

（3）现场数据：项目的现场状况、地下条件、水文和气候条件、项目执行所需的工作及货物、法律法规、食宿和人员、临时公共设施及配套服务相关信息等。

实际合同签订过程中，在上述3个条款中可以考虑分别列明承包商有权对数据的准确性、充足性和完整性（要强调accuracy，sufficiency，completeness 3项，而不仅仅是指错误error，fault，defects）提出变更和索赔。同时，核实雇主是否在条款中限定时间期限（一般为开工后28/42天内），要求承包商在期限内验证并提出异议。此外，承包商也可以考虑在条款中明确其有权申请包括工期、成本和利润的补偿。

2.3.12.3 一般设计任务

依据“一般设计任务”条款，通常情况下（特别是FIDIC银皮书），雇主会强调承包商对基准日前的雇主要求应进行仔细核对，包括项目执行的标准、计算说明等信息。雇主不对其数据错误、不准确或遗漏负责，除非雇主数据属于以下4种情况：

（1）在合同中规定的不可变的或由雇主负责的部分、数据和资料；
（2）对工程或其任何部分预期目的的说明；
（3）竣工工程的试验和性能的标准；
（4）除合同另有说明外，承包商不能核实的部分、数据和资料。

因此，在修改本条款时，应与前述的“雇主要求中的错误”“现场数据和参照事项”“放线”“现场数据的使用”“一般设计任务”4项条款对应修改，同时可以强调数据的遗漏（imcompleteness/omissions）也是承包商申请变更和索赔的范围之一。

2.3.13　合同的分包

合同的分包（Subcontracting）指承包商应在合同中保留分包的权利，即可以在合同允许的范围内对其承揽的国际工程进行分包，但不得将整个工程或超过合同约定比例的工作内容分包出去。一般情况下，承包商在选择材料供应商或与已在合同分包商列表里指明的分包商签订分包合同时，无须取得雇主的同意；对于其他分包，承包商应向雇主或工程师提交相关文件资料，并取得雇主或工程师的事先同意后才能签订分包合同。承包商应特别关注国际工程合同中的分包条款，与雇主或工程师明确其分包合同的审批权限和范围，避免因赋予雇主或工程师过多的审批权限导致分包工作受阻、分包成本增加。

有些雇主还会要求承包商在与分包商签订的合同里保留“雇主有权接管/介入分包合同”的条款，目的就是要解决因承包商违约导致主合同终止后雇主继续实施项目的问题。如果合同中有这样的要求，建议承包商做好限定条件的约定，即只有因承包商违约导致合同终止时雇主才有权接管分包合同。在雇主接手分包合同后，承包商与分包商的合同终止。

2.3.14　指定分包商

指定分包商（Nominated Subcontractors）是雇主指示承包商雇佣的特定分包商，这些分包商或者与雇主有着千丝万缕的联系，或者是项目上某些专业技术或关键设备的供应商。承包商有权拒绝雇主的指定，但必须提出合理的反对理由，例如该分包商没有足够的能力、资源或财力履行项目，或者该分包商就分包的工作拒绝向承包商承担主合同应向雇主承担的责任和义务等。

指定分包商虽然是雇主指定的，但是一旦承包商接受了指定，签署了分包合同，那么指定分包商就只和承包商存在合同关系。指定分包商的性质首先是分包商，是整个工程中由承包商雇用的实施局部工程的单位，从这个角度来讲，承包商仍然需要就指定分包商的工作向雇主承担责任。但是由于指定分包商与雇主间存在着间接的指定关系，因此雇主想象对待承包商的其他非指定分包商一样，与指定分包商完全脱开关系也是不太现实的。指定分包商是国际工程项目中一个特殊的存在，承包商对它的管理是一个难点。

在与指定分包商签订分包合同时，承包商可以通过以下几个方面控制分包合同的风险：

（1）指定分包合同中的关键条款，例如付款方式、保函格式、工程变更、索赔程序、工期、缺陷通知期、违约赔偿及合同责任等相关约定应与主承包合同保持一致；

（2）在涉及付款时间、保函到期时间、审批时限等问题时，应在主承包合同的基础上预留余量。

在工程项目的执行过程中，指定分包负责的工程可能是比较重要的部分，或处于关键路径上。因此承包商要加强对指定分包商的管理，避免造成项目拖期、资源浪费甚至是更严重的后果。在实际管理的操作过程中，如果指定分包商不能很好地和承包商配合，承包商可以寻求雇主和工程师的协助，以达到成功管理指定分包商的目的。

需要注意的是，对于国内工程项目，根据国家招投标法等相关规定是不允许指定分包的，因此对于国内外工程项目需区别对待。

2.3.15 担保

国际工程项目中的担保（Securities/Guarantees）一般指的是承包商向雇主提供的各种担保，主要有以下几种类型：投标担保、预付款担保、履约担保和留置担保，担保的形式以银行保函居多。在北美地区，由保险公司出具的保险保函应用更加广泛。担保开立机构的资质、担保格式、担保金额、担保期限、索赔条件等由双方商定后写入合同。保函一经开出，即独立于基础合同之外，双方在合同履行方面存在的争议不能作为银行向受益人即雇主拒付的理由。保函所载明的付款请求权一般不可以转让，除非在保函中明确约定受益人可以转让其付款请求权。

承包商一般会直接在本国金融机构开立担保保函，但有些雇主会额外要求承包商提供经雇主所在国金融机构转开的保函，以保障雇主在与承包商产生纠纷时能够快速索赔。由于多了国外转开机构的担保，转开保函的成本也较一般直开保函更高。

预付款保函应将“承包商在保函开立行的账户收到雇主支付的预付款”作为保函生效的条件，同时预付款保函应设立减额条款，在规定的某个或数个日期，或向担保人提交了保函中为此目的而规定的单据时，即递减规定的或可确定的金额。履约保函在某些特定的合同条件下也可以设立减额条款，譬如很多分期、分部的项目都可以按完工比例进行履约保函的扣减，即使是同一个项目项下，在允许分项验收的情形下，在分项工程验收合格以后也是可以向雇主要求对履约保函进行递减的。

在缺陷责任期内，承包商应争取以留置担保即质保保函替代保留金，这样企业会有更好的现金流，同时也降低了回款风险。在保函开立前，要尤其注意各保函时间的重叠和覆盖，譬如当按照合同约定，履约保函需开立至缺陷责任期结束时，承包商则可将竣工验收通过以后递减的履约保函作为质保保函的替代，不再单独开立质保保函。同时在设计支付条款时也要尽量避免缺陷责任期内雇主同时扣留保留金及质保保函的情况发生。在此阶段，尽量做到履约保函、质保保函及保留金三选一满足条件即可。

2.3.16　雇主或工程师对承包商文件的审核

雇主或工程师对承包商文件的审核（Employer's Review and Approval）指承包商应在合同中明确约定雇主对承包商文件的审批范围、审核期限和审核程序，如雇主未能在合同约定的期限内对承包商文件进行审批，承包商应根据合同规定，及时提出工期延长和额外费用索赔的要求。由于不同的承包商文件复杂程度不一，相应文件的批复时限也应不一样，在合同中可根据文件的不同类型来规定具体的审核时间。为避免一份文件反复多次审批，拖延最终批复的时间，导致影响后续工作或工期延期，宜限制雇主方文件审核的次数，可以在合同中约定雇主批复版次的上限。为了减少文件审批工作量以节约工期，还可以在合同中规定雇主只对重要文件进行审批，并在合同中列明重要文件清单。

雇主对承包商文件提出问题，要求予以更正或修改时，承包商应组织人员对雇主提出的修改意见进行评估。如雇主提出的意见不符合合同规定或属于无理的修改要求，承包商应根据合同规定的程序，向雇主提出反对意见，给出反对的理由和依据，据理力争，维护自身利益。为了尽量预防出现文件审批争议及更好地解决此类问题，可以在合同中设定专门的条款来规范文件审批争议问题。

合同中还应明确雇主的文件审核管理体制，若属于政府机构管理体制，需要全面了解其决策和审批流程，以便在考虑工期和报价时，对此进行充分的估算。以俄罗斯、哈萨克斯坦、乌兹别克斯坦等俄语国家和地区的项目为例，这些国家的工程项目建设基本沿用了苏联的管理模式和规范，项目在初步设计阶段才报请国家专家委员会审查（简称“国审”）。提交国审的初步设计的内容和深度一般高于我国国内的初步设计，大致相当于国内施工图设计一次条件的深度。国审的重点集中在工业安全卫生、节能环保和施工组织设计等方面，审查周期一般不超过 45 个工作日。由于对上述国家和地区的规范熟悉程度不够，且其标准规范的书写语言都是俄语，中国的设计人员往往需要花费大量时间去研究这些标准规范。另外，我国与这些国家和地区在初步设计的章节编排和图纸标注方面也存在较大差异。因此对于此类项目，国内设计单位一般选择和当地有资质的设计院联合设计，或者聘请当地有资质的设计单位进行设计转化。非政府投资的项目国审时可以不提交投资概算和经济分析的相关内容，而政府投资的项目则必须包含投资概算和经济分析的章节。这些国家使用专门的定额系统（如哈萨克斯坦的SMETA系统）来评估建筑材料和设备等价格的合理性，进而判断该工程项目投资的经济效益。

值得注意的是，对于FIDIC红皮书、黄皮书和银皮书而言，雇主或工程师对承包商文件的审核程度乃至内容各不相同。对红皮书而言，雇主承担了大部分或全部的设计工作，承包商承担了施工任务。项目涉及的主要技术文件，包括施工合同技术规范和设计图纸，一般由雇主提供，工程师主要负责施工阶段的项目管理以及施工过程中工程量的重新计量；黄皮书下，设计和施工的任务均由承包商承担（承包商常常也负责设备和材料的采购），工程师需要对承包商的设计文件、采购文件、合同商务文件等进行审核，对放线、不可预见的物质障碍、例外事件等进行判断。因此在承包商文件审核，特别是设计文件审核方面，黄皮书的工程师与红皮书相比，显然要更加专业、更加深入。银皮书下承包商承担所有设计和施工任务的同时，还可能承担更多的设备和材料的采购、项目试运行及雇主人员培训等工作，但鉴于其"交钥匙"的合同模式，雇主取消了工程师的设置，改为直接派遣雇主代表对项目进行管理。银皮书对雇主代表没有明确的设计文件审核的职责要求，也不鼓励雇主审核大部分的施工图纸。雇主在项目实施过程中尽量放权，对承包商工作不做过多的深度干预，但这并不代表雇主对项目的实施放任自流。对于项目实施过程中的重大问题，例如关键设计文件、付款、合同变更、性能考核等，雇主都有严格的审批程序和评估标准。

由此可以看出，红皮书、黄皮书到银皮书，承包商的工作范围越来越宽，承担的风险越来越大，合同价格也越来越固定。与之相对应的，除了项目的关键问题外，雇主对于工程其他工作的参与度和管控程度也在逐步降低。

2.3.17 劳务及产品属地化

劳务及产品属地化（Going Native），国际工程项目所在国，尤其是经济欠发达的国家或地区，往往会制定一些具有"保护主义"色彩的政策，通过限制外国资本、劳务、设备材料等方式保护当地相对不够成熟的劳工市场及产业发展。这些保护政策主要通过以下几个途径实现：

（1）要求在项目所在国设立分支机构（常设机构，包括分公司或子公司等），在当地缴纳税费；

（2）规定外国公司在合资公司中的股份占比，同时对外国公司将所得收益汇回母国征收高额海外利润汇回税；

（3）在项目招标时，对外国公司的投标资格设立更高门槛，在联合体形式的投标中限制外国公司的合同金额占比；

（4）要求在招标文件或合同中明确本地成分（local content）的比例，例如规定外国劳工与本地劳工的配比，在项目所在国采购材料、设备的比例等；

（5）对已在项目所在国申请免税的项目，要求承包商自证某些进口设备或材料在项目所在国无法生产，否则承包商必须在当地采购或者缴纳高额的税费后进口。

随着项目所在国对本国经济保护力度的日益加强，承包商会面临越来越多的壁垒和风险，这将在很大程度上影响承包商对该工程的风险评价和相关报价。国际工程合同中关于本地化的条款经常都是简单地罗列或援引项目所在国的相关法律法规，并不在合同中做细致要求，因此承包商应在项目初期对所在国进行全面深入的尽职调查，同时充分评估本地化对项目成本、工期、性能指标、税务、项目机构，甚至是合同架构的影响。

2.3.18 检查

在订立合同中的“检查（Inspection）”条款时，建议承包商在合同中明确约定允许雇主人员进行检查的范围、检查时间以及约定合理的检查次数。雇主有权在合同约定的范围内进入现场和天然料场，在设备生产、制造和施工期间对生产设备、材料和工艺进行检验、检查、测量和试验，并有权进行记录；同时，承包商应提前与雇主商议协助完成上述检查的具体事项，如，是否由承包商来提供安全进入设施的进入许可和安全防护措施（PPE）等。

对于雇主人员有权检查、检验、测量和（或）试验的工作，当生产设备、材料或工作具备检查条件时，或生产设备、材料或工作被覆盖、包装或运输前，承包商应通知雇主人员及时进行检查。如果承包商未提前通知雇主，而雇主提出要求的，承包商应自费拆除覆盖或包装以供雇主检查。

2.3.19 试验

按照FIDIC合同条款中“试验（Testing）”条款的约定，本条款适用于除竣工后试验外的所有试验。承包商除了与雇主提前协商约定试验种类、范围及试验程序以外，建议在订立合同阶段，根据项目实际情况，明确划分为完成试验所需的人员、材料、原料、辅料、备品备件、燃料、水电、仪器仪表、文件资料等由哪一方来负责提供。尤其是涉及竣工试验的燃料、原料、辅料、消耗品、备品备件及水电供应，建议划分至雇主的提供范围，同时需在合同中约定试验产出产品的归属权。

2.3.20 试验未通过与拒收

一般来说，FIDIC 合同条款中的“缺陷与拒收”“未能通过竣工试验”和“未能修补缺陷”都共同指向合同中关于试验未通过以后的处理方式。当出现试验未通过与拒收（Failure to Pass Tests and Rejection）的情况时，将按照“缺陷与拒收”条款约定，由承包商重复进行维修或由雇主拒收并交由其他承包商来完成。

“未能通过竣工试验”条款将前述“缺陷与拒收”条款的约定更加细分为针对竣工验收试验未通过时的 4 种处理类型：

（1）要求再次进行竣工试验；

（2）拒收某区段，如果缺陷影响了某区段，导致不能满足原有目的，可拒收该区段，此时该区段将依据变更条款按工程删减处理；

（3）拒收工程，如果缺陷使整个工程丧失全部利益，可拒收工程，此时雇主可立即终止合同，并有权根据索赔条款要求承包商返还之前支付的所有工程款、融资费用、拆除恢复和清理现场的费用；

（4）让步接收，如果雇主同意，可让步接收，但承包商应承担未通过试验给雇主带来的损失，合同价格应相应减少。在此情况下，可颁发项目接收证书，需要注意的是，一般情况下，性能考核应分项考核并设置多项考核指标，且每项考核指标都应有相应的损害赔偿限额，同时合同中还应设置性能损害赔偿的总上限，且总上限通常情况下应小于各分项赔偿上限的总和。

为了更直观展示竣工试验未通过的情况，可以用图 2-1 来做一个解释。

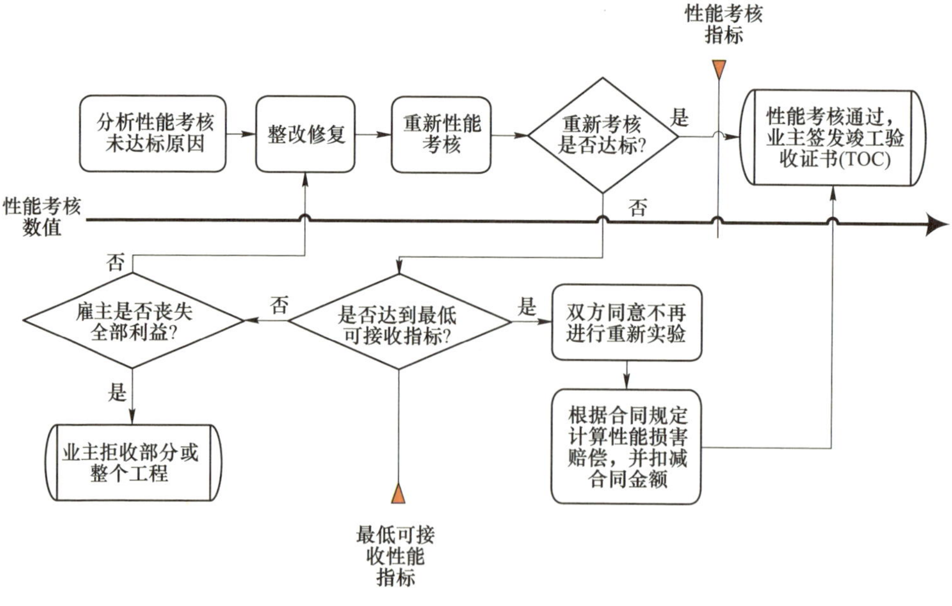

图 2-1 性能考核结果情况图示

从图 2-1 可以看出：

（1）当性能达标时，竣工试验通过，雇主颁发接收证书（TOC，Taking-Over Certificate）；

（2）未突破性能损害赔偿上限，但也未达到某些性能指标时，承包商承担性能损害赔偿，减少合同金额后，雇主颁发接收证书；

（3）未丧失全部利益，但突破性能损害赔偿上限时，未通过部分按变更作为承包商工作遗漏项扣减合同额；

（4）当整个工程丧失全部利益时，雇主对工程拒收，同时承包商退还已收付的工程款，外加融资成本、拆除及清理费用等。

国际工程合同还会经常引入最低性能保障的概念，这个概念通常与性能损害赔偿上限的临界点重合，因此可以把它作为一个节点来看待。

按照 FIDIC 2017 版合同条件的规定，误期损害赔偿突破上限时雇主有权终止合同，但并没有约定性能损害赔偿突破上限时雇主有权拒收或终止合同。签订合同时，如发现当突破性能损害赔偿上限时或未达到最低性能保证时，雇主有权拒收和终止合同，那么实际上雇主是将 FIDIC 合同条件里“丧失工程全部利益”触发项目拒收的节点提前到了突破性能损害赔偿上限，这种情况应该是承包商需要警惕的。

针对承包商在缺陷通知期结束前或在雇主的修复通知期限内仍无法完成修复或扫尾工作的情形，“未能修补缺陷”条款同样约定了 4 种处理方式：

（1）雇主自行或雇佣他人修补缺陷，由承包商承担修补费用；

（2）雇主接受有缺陷的工作，并有权通过索赔获得性能赔偿费，如果合同中未约定性能赔偿费，可以减少合同金额，该金额应能覆盖由此缺陷而减少的工程价值；

（3）根据变更条款对受缺陷影响的不能满足原有用途的部分工程进行删减；

（4）如果缺陷使整个工程丧失全部利益，可立即终止合同，且雇主有权根据索赔条款要求承包商返还之前支付的所有工程款、融资费用、拆除和清理现场的费用，并将生产设备和材料退还给承包商。

该部分的内容，建议承包商在合同签订过程中，参照“未能通过竣工试验”条款的处理建议，从最低性能保证值、拒收节点条件等各个方面对应修改。

2.3.21　合同的生效及开工

合同签约不等于合同生效，应在合同中约定生效条件。通常来说，签约各方的法人代表或授权代表签字盖章以后即合同生效，但也存在合同设定额外生效条件的情况。

同样，合同生效日不等于项目开工日，合同中还应约定开工条件，一般来说，建议承包商在合同中设置以下的开工前置条件（conditions precedent）。

2.3.21.1 开工时间要求的满足

合同中一般会设定一个大致的开工时间范围，2017版黄皮书规定，中标通知发出以后35天内（1999版为28天）要签订合同协议书。承包商收到中标通知后42天内要开工以及承包商收到中标通知书后84天仍未开工的，承包商有权终止合同（分别对应2017版黄皮书“合同协议书”“工程的开工”和“由承包商终止”条款）。因此，承包商在设置开工时间时一定要厘清合同其他条款中约定的时间限制，综合考量开工时间范围以后，再选定合理的开工时间。当发现雇主或雇主工程师在规定时间内没有按照合同约定满足开工条件，或因非承包商原因导致开工延期而造成其损失的，承包商应有权提出索赔。

2.3.21.2 开工通知（NTP，Notice to Proceed）的发出

雇主或雇主工程师在规定时间内应发出NTP允许承包商开始施工，通常NTP应在开工前14天发出。

2.3.21.3 保函提供

雇主在设置开工条件时通常要求承包商出具预付款保函（如有预付款）和履约保函。若履约保函的有效期仅至竣工验收，且合同支付未设置保留金，则雇主还会要求承包商提供质保保函以覆盖缺陷责任期。若项目所在地对当地劳工有特殊要求，雇主也有可能要求承包商提供相应的凭证作为开工条件之一。

2.3.21.4 资金安排计划提供

承包商在开工前有权要求雇主提供资金安排计划以便承包商对现金流及收支状况提前做出测算。通常来说，雇主须在承包商提出要求以后的28天内给出最新的资金安排计划。

2.3.21.5 预付款支付

建议承包商将收到足额的预付款作为开工前提条件。

2.3.21.6 获得授权许可

为了避免项目未经授权或违规开工的情况发生，降低承包商因施工手续而承担额外的开工风险，建议将项目的总体规划审批、施工许可、施工证照以及其他永久工程所需的行政审批事项交由雇主负责；承包商可依据项目前期尽职调查的分析反馈，结合项目实际情况需求，在合同谈判阶段与雇主商议划分由谁来承担剩余其他许可的办理。其中，建议与项目执行相关的施工资质类的许可，包括人员资质、设备及施工机具、安全生产、文明施工等许可由承包商来完成；其他可能涉及的道路、环保、消防、税收、进出口、劳务、特种设备、特殊试验审批等许可，在双方协商的前提下，尽可能交由雇主负责，由承包商配合雇主完成办理，即尽可能依据项目实际情况对FIDIC 2017版黄皮书1.13“遵守法律”（b）、2.2“协助”（b）等条款的约定进行修改。

2.3.21.7 场地及道路条件的满足

建议承包商在雇主提供满足施工要求的场地条件以后再起算工期。参照FIDIC 2017版黄皮书合同条件，涉及场地道路要求的条款包括2.1“现场进入”、4.13“道路通行权及设施”以及4.15“进场道路”；建议承包商在合同2.1条中除了明确约定雇主提供场地的时间以外，还要对满足施工要求的场地状况进行描述限定，包括场地平整程度、地上设施要求（如办公、起居食宿、试验、仓储条件等），甚至对雇主是否对承包商使用场地进行额外收费进行限定。此外，在承包商缺乏现场道路勘察（如桥梁、设备设施通行、运输适宜情况等）及尽职调查数据的条件下，建议将4.13及4.15条款中原本由承包商承担的一切专用或临时道路的通行费及进场道路新建和加固费用划分至雇主承担的范围，尤其是对于线性工程或存在特殊进场要求的施工项目，额外的道路新建和加固费用会让项目成本大幅增加。同时，对于因雇主提供现场数据不准确或遗漏导致的道路新增和加固费用，应允许承包商向雇主提出变更和索赔。

2.3.21.8 临时设施要求的满足

建议在合同中明确约定临时设施（temporary utilities）的供应由雇主来负责承担，同时约定水、电、气在现场的接入位置、接入方案和单价收费标准，由承包商负责计量并向雇主支付相应的费用即可。

在编制合同开工条件时，建议承包商在合同中明确约定，当上述前置条件全部满足以后，再正式进入项目的现场开工阶段，避免因项目现场条件的不具备，而过早起算工期。

2.3.22 损害赔偿

损害赔偿（Damages）在实践中常被称为“违约罚款”，但在我国“罚款”一般意义上指的是行政机关强制违法者缴纳的罚金，是行政处罚的手段之一。实际上损害赔偿既不是合同一方对另一方的惩罚，也不是法庭对违约方的判罚，而是违约方通过经济补偿的方式使被违约方的财务地位恢复至合同正常履行状态的一种救济方式。

国际工程合同条件中，雇主对于承包商的索赔大多集中在误期损害赔偿（delay damages）和性能损害赔偿（performance damages）两项上。为了避免承包商重复赔偿的情况，可以在合同中明确：双方约定的相关损害赔偿（误期及性能等赔偿）是承包商为其此类违约支付的唯一款项。除此之外，合同条件中涉及承包商损害赔偿概念的还包括知识产权侵权赔偿、人员伤亡、财产损失赔偿等。

除了上述提到的损害赔偿，合同中也经常会涉及约定损害赔偿（LD，Liquidated Damages）的概念，应避免二者混淆。约定损害赔偿的一个重要特点是，约定损害赔偿是合同当事人事先约定的，是一笔固定的金额，或约定了明确的损害赔偿的计算方法。在承包商没有按照合同约定履约从而触发损害赔偿条款时，雇主不必证明自己是否发生损失或损失的大小，就可以向承包商收缴赔偿费或者从应付给承包商的价款中扣除该笔赔偿费。但损害赔偿的金额则不是由双方事先约定的，而是在违约行为发生以后以损失方实际损失大小作为判定依据来取定的，其数额的多少与违反合同所造成的损失相当。

2.3.22.1 误期损害赔偿

承包商无法按照合同约定的工期完成项目工作，且没获得雇主给予工期延长的情况下应向雇主支付误期损害赔偿。

（1）一般情况下，误期损害赔偿费率及误期赔偿上限会在合同的专用条款中进行约定。合同谈判或合同订立阶段应结合本项目风险准备金的多少，对误期损害赔偿费率进行综合的考量。同时，在商议计费基数时，尤其应注意是以主合同金额作为计费基数还是以延误部分金额作为计费基数进行计算。

（2）对于国际工程承包项目，如不分段施工及移交，建议以合同进入缺陷通知期之前的最后一项工作的完成时间，作为误期损害赔偿计算的唯一节点，而不设置过多的工期考核节点，从而为承包商赶工补救留足余地。

（3）多数情况下，雇主会要求将误期损害赔偿抵达上限作为雇主因承包商违约提出合同终止的触发点之一，因此在误期损害赔偿费率及上限设置时，应充分考虑相关因素，以避免过早达到损害赔偿上限触发合同终止条件。

（4）对于大型 EPC 项目，一般来说为期 1 个月的误期损害赔偿宽限期应被视为合理要求。

（5）值得注意的是，误期损害赔偿费并不解除承包商完成工程的义务及根据合同应履行的其他责任和义务。在某些情况下，承包商宁愿支付误期损害赔偿费，也不愿采取措施加快工程进度，因为那样做承包商可能会付出更高的代价。但是 FIDIC 合同也提醒承包商切不可认为支付了误期损害赔偿费就万事大吉。如果工程拖期的状况得不到改善，雇主还可以动用合同中的其他制裁手段，直至根据合同的相关规定终止合同。届时，承包商将遭受远超过赶工费用的损失。

2.3.22.2 性能损害赔偿

即项目无法满足合同规定的性能指标，承包商应向雇主支付的赔偿。一般情况下按照双方约定的性能考核项、权重及赔偿比例计算，计算基数为合同总金额。

（1）一般情况下，承包商与雇主会基于项目的种类、复杂程度在专用合同条款中对赔偿费率和赔偿上限进行约定，费率的设置也要结合承包商的项目风险准备金综合考量。

（2）对于性能赔偿费的计费基数，可以参照分段或分区间验收的方法，选取分段或未达到性能指标区间部分的合同金额作为计费基数，不建议笼统采用合同总金额作为计费基数进行计算。

（3）在性能损害赔偿的设置中，应尽量设置多级赔偿机制，以避免“0或100”型的赔偿方式。

（4）虽然FIDIC合同条件并没有将性能损害赔偿达到上限作为雇主终止合同的条件，但实际操作中很多雇主也会将其列为合同终止的触发点之一。承包商在无法说服雇主的情况下，更应该对性能考核数值的设置予以充分的考量。

（5）对于性能担保值，合同中宜设定最低性能担保值，在不能满足合同约定的性能担保值，但能满足最低担保值的情况下，承包商可以缴纳一定赔偿款后，将项目移交。

2.3.23　合同暂停

合同暂停（Suspension）是用来应对工程项目的变化导致项目无法持续实施的条款，有时也可以作为合同双方要求对方恰当履约的手段。雇主和承包商都可以在合同项下提出暂停。

雇主有权主张合同暂停的情况主要包括：

（1）雇主可以随时指示暂停工程某一部分或全部的工程，即雇主因便利暂停；

（2）承包商违约或履约不力，雇主要求暂停工程某一部分或全部的工程；

（3）在恶劣的气候条件或其他不利的外界障碍、地质条件等对项目构成威胁并显然需要对某些工程采取暂时停工措施时，雇主可能会要求承包商暂时停工。

承包商有权主张合同暂停的情况主要包括：

（1）在承包商发出要求雇主提供资金安排证明的通知后一定时间内，仍未收到合理证明；

（2）在合同规定的期中付款和最终付款条款规定的付款时间到期后一定时间内，承包商仍未收到该期间的应付款；

（3）雇主未遵守合同中关于权益转让的规定。

通常来说，因雇主原因造成的暂停，包括因雇主便利的暂停和因雇主违约暂停，承包商都有权按照索赔条款的约定获得工期、成本（包括但不限于遣散费、运输费、设备或现场照看费、仓储费、重新动员费、保函或保险延期费等）以及利润的补偿。若因雇主便利的暂停持续超过84天，承包商可以向工程师发出通知，要求允许继续施工。承包商如同意继续延长暂停，应获得工期、成本、利润及暂停期间原材料费用等补偿。对于因持续暂停导致的部分工程或区段利益影响，承包商有权按照变更条款做合同的删减；对于因持续暂停导致的整个工程利益受到影响，则承包商有权遵照“为雇主便利的终止”“由承包商终止”和“自主选择终止”条款进行合同终止的后续处理工作。

若因雇主的违约导致承包商发起项目暂停，那么依据FIDIC 2017版黄皮书第16.1款“承包商的暂停”，承包商在暂停前应给予雇主21天的整改期限。

若暂停的责任应由承包商承担，则承包商没有权利获得额外的费用损失和工期延误补偿。

2.3.24 合同变更

2.3.24.1 合同变更的一般规定

通常情况下，雇主在合同变更（Variations）中占有主导地位，雇主可以在颁发工程接收证书前的任何时间，向承包商直接发出变更指示要求，或要求承包商以提交建议书的方式提出变更。需要注意的是，雇主提出的变更是不允许以删减部分合同工作内容并交由他人执行来作为变更理由的，仅当雇主和承包商双方自愿同意或承包商因为没有遵守项目缺陷修复的义务时，雇主才有将相关工作转交他人执行的权利。

虽然承包商在变更环节处于相对被动的地位，但并不意味着针对雇主的随时变更，承包商丧失了拒绝变更的权力。对于雇主提出的变更，承包商在一定情况下有权提出反对意见。承包商可以拒绝接受变更或拒绝提交变更建议书的合理理由包括：

（1）从工程的范围和性质考虑，该变更工作是不可预见的；

（2）承包商不能获得实施变更所需的物资；

（3）该变更会严重影响承包商履行“健康和安全义务”以及“保护环境”下的义务；

（4）该变更会严重影响性能保证值的实现；

（5）该变更可能会对承包商履行工程义务产生不利影响，导致工程无法满足“承包商的一般义务”所述的工程预期目的。

承包商在发出拒绝变更的通知后，可以要求雇主取消、确认或修改变更指示，避免因雇主滥用变更权利影响项目的正常执行。

2.3.24.2 合同中适用变更的条款

在合同签订前，承包商需要提前弄清合同中哪些条款是允许变更的，以FIDIC 2017版黄皮书为例，合同中适用变更的条款包括如下：

（1）“1.9 雇主要求中的错误”；

（2）“3.5 工程师的指示”；

（3）“4.2 履约担保”；

（4）“4.7 放线”；

（5）“4.12 不可预见的物质条件”；

（6）“5.4 技术标准和法规”；

（7）“7.2　样品”；

（8）“7.4　由承包商试验”；

（9）“8.4　预先警示”；

（10）“8.7　工程进度”；

（11）“8.12　拖长的暂停”；

（12）“11.2　修补缺陷的费用”；

（13）“11.4　未能修补缺陷”；

（14）“13.4　暂列金额”；

（15）“13.5　计日工作”；

（16）“13.6　因法律改变的调整”；

（17）“17.2　工程照管的责任”。

承包商在合同编制过程中可以对照上述条款进行修订，仔细确认上述条款是否指向了变更条款的处理方式，避免因为某项合同条款的缺失而导致承包商丧失变更权利的情况发生。

2.3.24.3　其他

承包商在收到雇主或工程师发出的变更指令或按照雇主或工程师要求提交变更建议书后（通常为28天）应给出详细的变更方案，通常这份方案需要包括变更拟用的资源、对工期的影响、对合同价格的影响等。根据FIDIC 2017版黄皮书，若是双方协商一致按变更对合同工作进行删减并交由他人执行，则承包商有权针对该部分工作减少造成的（或将要造成的）承包商利润损失及相关费用损失进行索赔，而1999版黄皮书对这种情况是没有具体约定的。

针对承包商遵照雇主要求编制的建议书，即使雇主出于项目可行性、经济性或其他原因而未对变更进行批准或采纳，承包商也有权针对编制建议书产生的相关费用向雇主提出索赔，只是这部分索赔仅允许包含成本费用。

对于变更导致的合同工期和价格的调整方式，以及变更导致的争议处理，可以参照后续的“合同价格”条款中关于对变更估价原则的确定方式以及“争端解决”处理方式来具体执行。

2.3.25　合同终止

合同终止（Termination）可以分为雇主的终止和承包商的终止两大类别，其中雇主的终止又包括雇主的便利终止（Termination for Employer’s Convenience）以及雇主因承包商违约而提出的终止（Termination for Contractor’s Default）。

2.3.25.1　雇主的便利终止

雇主的便利终止，即承包商不存在任何违约的情形，而雇主出于自身原因提出终止合同。现实中，雇主因自己一方原因终止或取消一个工程的情况很少发生，因为雇主进行了一定数量的投资，除非项目完成，否则难以重新收回投资。尽管如此，毕竟有这样的事例发生，如为工程提供资金的借款人破产、由于法律法规的变化导致项目终止等。但雇主便利终止合同的理由不能是为了自行实施工程或雇佣其他承包商实施工程。

当雇主因便利终止合同时，应及时将履约保函退还给承包商。2017 版黄皮书 15.5 款“雇主的便利终止”规定，雇主因便利终止合同时，此项终止应在承包商收到该通知或雇主退还履约担保两者中较晚日期后的第 28 天生效。关于雇主应当退还履约保函的约定常被承包商忽视，收到雇主的终止通知后，承包商往往忙于项目收尾并开展索赔工作，理所当然地认为收到通知后的第 28 天合同就正式终止了，殊不知如若雇主迟迟未退还履约保函，则终止并不生效。

因雇主便利终止合同之后，雇主应对承包商已经完工的工作进行支付，并对承包商由于项目终止所承担的费用和损失进行补偿，包括赔偿承包商的合理利润。这点与 FIDIC 1999 黄皮书版的描述不同，FIDIC 1999 版黄皮书中因雇主原因导致的合同终止索赔是指向了不可抗力条款中的 19.6 款“自主选择终止、付款和解除”，而不可抗力条款是不允许承包商对利润提出索赔的。所以，建议承包商在编制合同终止条款时参照 2017 版黄皮书的相关约定。

2.3.25.2　*雇主因承包商违约而提出合同终止的情形*

通常情况下，无论是通行的国际工程合同范本，或缔约双方自己拟定的合同文件，在合同条款中都会约定当承包商出现严重违约的情形下，雇主有权终止合同，承包商应赔偿由此导致雇主产生的各类损失。根据 FIDIC 2017 版黄皮书，雇主因承包商违约而提出合同终止的情形大致包括如下。

（1）承包商未能遵守整改通知、工程师决议或 DAAB 决议导致实质违约。承包商未遵守第 15.1 款“整改通知”、第 3.7 款“商定或确定”中有约束力的商定或第 21.4 款“取得争端避免/裁决委员会的裁定”中 DAAB 做出的有约束力的裁定，并构成承包商实质违约时，雇主有权终止合同。

（2）承包商放弃工程或明确表现出不愿继续按照合同履行其义务的意向。如果承包商在项目执行过程中通过各种行为放弃工程，或者明确表现出不愿继续按照合同履行其义务的意向，则雇主有权终止合同。这条规定赋予雇主自我救济的权利，即当雇主发现承包商已经实际或者明确表示要放弃该工程时，雇主有权终止合同，及时止损。

在项目实践中，如何判断承包商明确表现出放弃的意向最易产生分歧。特别是当雇主与承包商就某个索赔事项进行谈判时，承包商的一些策略性表述往往被雇主利用并解释为意欲放弃工程，从而触发因承包商违约的雇主终止。

（3）承包商不按合同约定的进度执行。对于因承包商违反合同进度要求导致雇主有权终止的情况，不同的合同文件表述不尽相同，需认真研读分析，避免忽视细节。如 FIDIC 2017 版黄皮书第 8 款“开工、延误、暂停”规定，承包商应在开工日期后合理可行的情况下尽快开工，并以正当的速度毫不拖延地实施工程，且在合同规定的竣工时间内完成竣工试验及竣工所需的各项工作等。如果承包商在项目执行过程中出现严重延误且未能采取有效的赶工措施，或者承包商因工期延误应承担的误期损害赔偿已达到合同约定的上限，雇主因此有权终止合同。

除此以外，如果承包商未按工程师的要求暂停工程，也可能导致雇主提出终止。当由于雇主的原因暂停工程时，承包商通常会立刻执行工程师下达的通知。但如果工程师认为承包商的某项工作存在缺陷并下达暂停通知，有些承包商因为担心影响工程进度，产生误期损害赔偿费，无视工程师的通知拒不暂停。这种行为风险很大，根据合同雇主有权据此提出终止，承包商悔之晚矣。

（4）承包商未能及时修复缺陷。当承包商提供的工程项目、材料、设计或工艺不符合合同要求或存在缺陷时，应当按照工程师发出的通知迅速修复缺陷或重新实施。如果承包商在收到工程师通知后的 28 天内未能遵从工程师的指示开展相应工作，则雇主有权终止合同。

需要承包商特别引起注意的是，即便雇主已经签发了任何试验通过的证书，一旦发现工程或材料存在缺陷，仍可以要求承包商进行更换或修补。承包商有义务在接到工程师通知后在通知规定的合理时间（如有），将有缺陷的工程或材料移出现场并重新实施，否则雇主有权终止合同。此外，还有一项特殊的义务是工程师有权指示承包商实施因意外、不可预见的事件或其他原因引起的、为工程的安全迫切需要的任何工作。当承包商收到此类通知时也应立即采取行动开展相关工作，否则雇主也有权终止合同。

（5）承包商未遵守履约担保的要求。承包商应按合同约定在收到中标函后的 28 天内向雇主提交履约担保。如果承包商未能履行此项合同义务，且在工程师给予的合理期间内仍未能纠正该违约行为，则雇主有权提出终止。

应特别注意的是，28 天的期限是从承包商收到中标函开始计算的，承包商不仅要满足期限要求，保函开具的机构以及保函格式也应满足合同要求。因此，承包商在合同谈判期间需要充分理解合同中关于履约保函的各项要求，落实满足雇主要求的金融机构是否能按照合同约定的保函格式一字不改地出具相应文件。涉及保函转开或转递时，也应在合同中清晰约定各类费用的承担方式，避免在保函开具过程中，由于费用承担产生分歧导致无法如期开具保函。

未按时提交履约保函往往是最易被承包商忽视的严重违约行为，签约后各项工作千头万绪，项目经理的工作重心集中在项目前期策划以及设计开工等。而商务经理协调财务人员开具合格保函的过程并非总是一帆风顺，即便在签约前已经与银行进行过沟通，在实际开具保函过程中仍会出现各种始料未及的情况导致无法在合同规定的时间内向雇主提交满足合同要求的保函。此时，项目经理应及时就保函开具过程中遭遇的情况与工程师及雇主沟通，避免由此导致雇主提出终止合同。

（6）承包商未遵守分包规定。无论国内还是国际工程合同，通常都有禁止整体转包的规定。雇主选定承包商是基于对其资格的审查以及以往业绩的考量，如果承包商未经雇主许可私自将整个工程分包出去，或整体转让合同，则雇主将面临巨大的项目实施风险，在这种情况下雇主有权终止合同是对其自身利益的一种保护。与 FIDIC 1999 版不同，2017 版黄皮书约定，承包商未遵守分包规定时，雇主可以立即终止合同，而无须提前 14 天发出终止通知。

（7）其他情形。根据 2017 版黄皮书的规定，还有两种情形雇主有权终止合同。第一，承包商破产或无力偿债、停业清理，已有对其财产的接管令或在财产管理人的监督下营业。第二，基于合理证据的情况下，承包商被发现在涉及工程或与合同有关的任何时间内勾结或胁迫他人参与涉及腐败、欺诈等行为。雇主在上述情况下，可以立即终止合同，而无须提前 14 天发出终止通知。

2.3.25.3　如何规避雇主对合同的随意终止

合同的终止通常是项目执行中极为严重的极端事件，承包商首先要做的就是避免合同违约，诚信履约。同时为了避免雇主因项目执行中的琐碎事项触发合同终止而造成合同履约的全面结束，合同中应明确约定：当承包商存在违约行为时，除上述承包商未按约定分包、破产、腐败等情况可以允许雇主立即终止合同以外，雇主主张终止合同仍需要同时满足以下 3 点要求：

（1）雇主须尽告知义务，向承包商发出通知说明事由；

（2）雇主须给承包商合理期限（通常为 14 天），采取补救措施整改；

（3）承包商的违约必须是属于严重违反承包商合同责任义务的情形。

即只有雇主发出通知，并且超过合理期限后承包商还未能采取有效的补救措施予以整改，而且构成严重违反合同义务的情形下，雇主才可以终止合同。至于具体多长时间算是“合理期限”，什么事由算是“严重违反合同义务”，就要取决于合同的具体约定（如有）、准据法的规定，或者有关履行事实的评估。如果实操中雇主给的期限被证明不合理，或者此类事件并不属于严重违反合同义务，就存在雇主恶意终止的嫌疑，承包商也能以此为据约束雇主此类终止权力的滥用。

2.3.25.4　雇主终止合同并拒收工程

雇主拒收工程并终止合同，是一种非常特殊的情况，某种程度上意味着雇主之前的投入没有产生任何价值，因此，如果按照一般损害赔偿原则进行赔偿的话，可能会要求承包商偿还雇主已经支付的工程款、发生的融资费用、工程拆除费用、现场清除费用、以及将生产设备和材料退还承包商的费用等，使雇主方恢复到合同尚未执行时的状态。因此，除了争取限定其赔偿限额外，在约束雇主终止合同权利滥用的基础上，还应对拒收的触发条件进行严格设置，最大限度地保障此类条款不会被随意激活。其中，FIDIC 合同中设置的雇主拒收条件是“使雇主实质上丧失了工程或单位工程的整个利益”，而要证明被终止的工程完全丧失利益（也就是没有任何价值）是一件比较困难的事情，在一定程度上缓和或降低了雇主拒收工程并终止合同的风险，建议参考使用。

2.3.25.5　雇主提出终止的后果

当出现承包商严重违约导致雇主有权终止合同时，通常雇主应提前发出终止通知，2017 版黄皮书规定的是 14 天，14 天后终止正式生效。在这 14 天内，承包商应着手准备合同终止的相关工作，及时收尾。也有很多承包商利用这 14 天时间去找雇主和工程师沟通，提交行之有效的违约整改方案，促使雇主撤回终止通知。合同终止对项目的执行影响重大，即便雇主要求承包商赔偿相关实际损失，也不足以补偿工程延期给雇主带来的商业利益损失以及社会影响。因此，除非万不得已，签约双方都应充分沟通，消除分歧，尽可能地将合同执行完毕。一旦合同终止通知生效，双方即开始着手撤场以及后续结算支付等繁复的工作。

合同终止时，除非承包商是因为未提交履约保函而被终止，否则承包商压在雇主手里的保函通常包括预付款保函和履约保函，金额比例可能会占到合同额的 20%~40%左右。根据国际工程的惯例，承包商提交的保函大多是见索即付的无条件保函，如果承包商在与雇主的终止结算过程中争议过大导致迟迟无法完成相关支付，则雇主极有可能先没收掉承包商的保函，落袋为安。因此，在合同中应规定双方可接受的合同终止时相关保函的退还机制，以便后续履约过程中参照执行。

2.3.25.6　承包商的终止

参照 FIDIC 2017 版黄皮书约定，允许承包商终止合同的情形大致包括如下：

（1）承包商在依据“承包商的暂停”发出通知以后的 42 天内仍未收到雇主关于资金安排的合理证据；

（2）雇主或工程师在收到付款申请和证明文件后的 56 天内仍未发出支付证书；

（3）承包商在合同约定的付款时间到期后 42 天内仍未收到应付款额；

（4）雇主未遵守合同商定或争议解决的约定，且构成了实质性违约；

（5）雇主未履行合同义务且构成了实质性违约；

（6）承包商收到中标通知书 84 天后仍未收到雇主的开工通知；

（7）雇主未能履约合同协议书或违规转让合同权益；

（8）持续停工超 84 天，且承包商第二次向雇主颁发终止通知；

（9）雇主破产或无力偿债、停业清理，已有对其财产的接管令或在财产管理人的监督下营业；

（10）基于合理证据的情况下，雇主被发现在涉及工程或与合同有关的任何时间内勾结或胁迫参与涉及腐败、欺诈等。

在上述任何事件或情况下，承包商可在提前通知后终止合同，如果最后 4 项的情况发生，可以按照合同规定在发出通知后立即终止合同。承包商在发出终止通知后，可以安排人员和设备撤出现场。终止合同之后，雇主应将履约担保退还给承包商，并对承包商已完工工程进行支付，对承包商由于项目终止所造成的一切费用和损失进行赔偿，包括承包商因此而蒙受的利润损失。

承包商合同终止环节还需要特别注意分析和计算合同终止的隐含时间。当雇主暂停持续超过 84 天，承包商理应向雇主或雇主工程师发出复工通知并给予其 28 天的审核期，若双方未达成一致，且持续停工影响了整个工程，则承包商可发出第二份通知以终止合同，那么实际承包商终止合同的时间将至少持续至 112 天以上；

同理，承包商因雇主延期支付终止合同的计算也要考虑实际合同允许的持续时间，按照 FIDIC 2017 版黄皮书的约定，从图 2-2 我们不难看出：从承包商提交支付文件至合同终止，实际持续时间为 70 天以上，承包商在选取合适的合同终止时间时，要从项目规模、施工周期、审核周期、现金流等各个环节综合考量取定。除此之外，也可以建议承包商对合同终止的起算时间节点进行重新设计，由原合同约定工程师出具支付证书后的 42 天，前移至承包商提交完整文件以后开始起算，尽可能将主动权归入承包商手中。

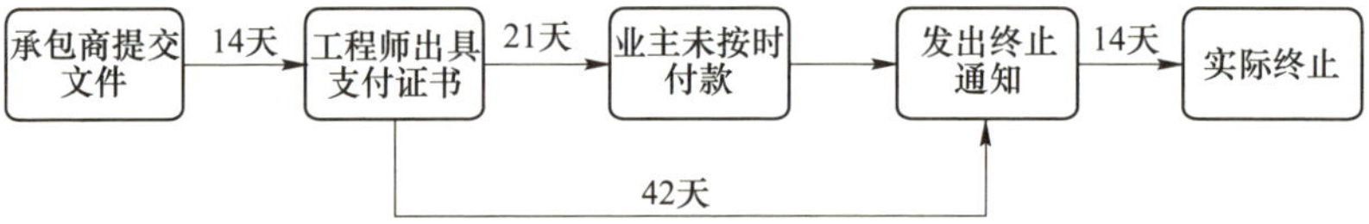

图 2-2　承包商终止权利示意图

2.3.25.7　合同终止后的费用结算原则

合同终止后的费用结算基本原则大致可以分为以下 3 种类别：因承包商违约造成的合同终止结算、承包商终止后的结算以及双方自主选择终止合同后的结算方式。

依据 FIDIC 2017 版黄皮书第 15.4 款“由承包商违约终止后的付款”，因承包商违约造成合同终止的结算方式，可以按照以下 3 条原则来执行：

（1）对于承包商已经完成且符合合同约定的工程及文件，雇主应当支付相应金额；

（2）合同终止后，设计、施工、竣工以及修补任何缺陷的费用，延误竣工导致的误期损害赔偿费（如有），以及由于合同终止导致雇主负担的其他直接费和雇主因合同蒙受的损失由承包商承担；

（3）雇主为了继续完成工程所产生的额外费用由承包商承担。

依据 FIDIC 2017 版黄皮书第 16.4 款“由承包商终止后的付款”，因承包商终止合同的结算原则，即因雇主便利或雇主违约造成的承包商终止合同的情形，指向了第 18.5 款“自主选择终止”，与双方自主选择终止合同结算方式保持一致，即按照以下原则来进行处理：

（1）已完成的、合同中有价格规定的任何已完成工作的应付款，由雇主向承包商进行支付；

（2）为工程订购的、生产或制造商已交付给承包商或承包商有责任接受交付的生产设备和材料的费用应由雇主支付给承包商，当雇主支付上述费用后，此项生产设备与材料应成为雇主的财产并由雇主承担风险，承包商应将其交由雇主处理；

（3）承包商为了工程能够按预期完成，合理导致的其他费用或债务应由雇主支付给承包商；

（4）承包商将临时工程和设备撤离现场、并运回本国（或运往其他目的地，但费用不超过）的费用应由雇主支付给承包商；

（5）承包商为工程雇用的员工遣返回国的费用应由雇主支付。

2.3.26 合同索赔

2.3.26.1 承包商有权索赔的情形

如果发生以下事件，导致承包商出现工期延误和（或）费用损失，承包商有权向雇主进行索赔（Claim）：

（1）雇主不按时提供进入和占用现场的权利；

（2）在现场发现化石等有价值的文物或物品，以及具有地质或考古意义的结构物和其他遗迹或物品；

（3）雇主支付延误；

（4）雇主无故扣发或延误答复承包商的各类申请或设计文件批复；

（5）雇主干扰或延误合同规定的检验或试验（包括竣工试验），或增加试验，或变更实验地点；

（6）承包商为调查缺陷原因，要进入工程或生产设备所在场所，雇主无故延误给予许可；

（7）雇主变更了工程范围、质量标准、原定工程实施方式或顺序；

（8）雇主、雇主人员或雇主雇用在现场工作的其他承包商造成或引起了任何延误、妨碍或阻碍；

(9) 雇主提供的某些基准数据有误，如基准点、基准线、基准标高等；

(10) 承包商没有违反相关法律，地方当局造成了工程延误；

(11) 法律法规的改变，或司法解释的改变；

(12) 雇主按合同条款的规定发出暂停指示和（或）因复工，而使承包商遭受工期延误和（或）费用损失；

(13) 雇主出于自己的便利终止合同，或发生了承包商有权终止合同的情形；

(14) 发生了雇主应承担的风险；

(15) 发生了合同中规定的例外事件；

(16) 发生了雇主不履行合同义务的其他情形等。

承包商在合同编制过程中可以对照上述条款进行修订，避免因为某些合同条款的缺失导致承包商丧失索赔权利的情况发生，同时，对于索赔的内容项（工期、费用、利润），要依据项目执行的实际情况进行考量，尽可能选择对承包商有利的条件。通常情形下，虽然 FIDIC 2017 版黄皮书第 8.5 款“竣工时间的延长”和 8.6 款“当局造成的延误”雇主仅赔偿工期，但仍建议承包商在合同文本中明确，造成承包商损失的，其有权要求雇主对费用进行赔偿，而不仅仅是允许工期延长。

2.3.26.2　编制索赔条款的注意事项

除此以外，在编制合同索赔条款时，承包商还要考虑编制索赔通知和索赔报告所需要提供的具体内容、索赔的时效性以及出现争议以后的解决方式等。

2.3.27　项目接收及验收

2.3.27.1　项目验收的基本流程

国际承包工程的验收过程，一般包括竣工试验、移交、竣工后试验、缺陷修复、履约证书签发几个主要过程，相关情况参见图 2-3。

合同中应明确项目竣工验收各阶段雇主与承包商的分工及风险划分，避免由于相关争议造成项目拖期及其他经济损失。具体到各阶段工作对应的合同条款，应注意的内容主要包括：

2.3.27.2　竣工试验

根据 FIDIC 2017 版黄皮书规定，项目竣工试验由承包商承担，分为预试车（Pre-commissioning Tests）、试车（Commissioning Tests）、试运行（Trial Operation）3 个阶段（注：FIDIC 1999 版合同条款引入时，中文翻译分别为启动前试验、启动试验、试运行），如表 2-1 所示。

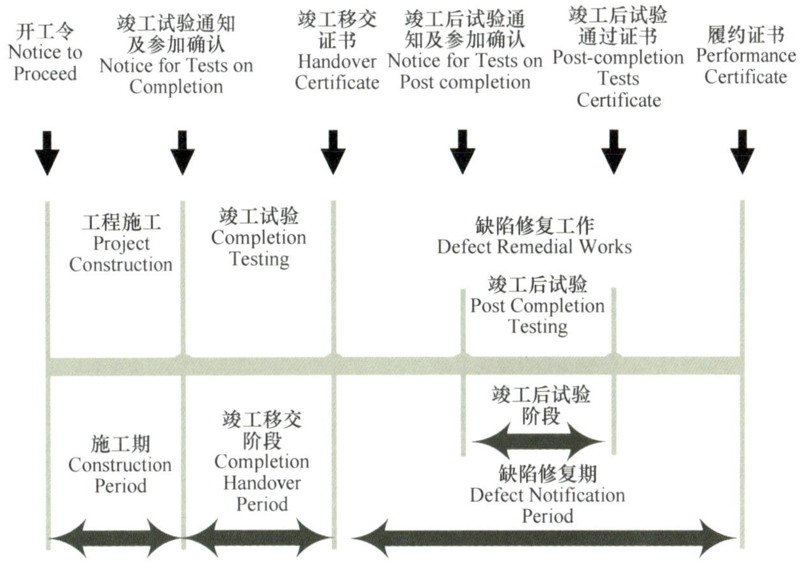

图 2-3 验收阶段工作及主要文件示意图

表 2-1 FIDIC 2017 版黄皮书中的竣工试验

序号	竣工试验的阶段	工作内容
1	Pre-commissioning tests 预试车	包括适当的检验和（“干”或“冷”）性能试验，以证明每项生产设备能够安全地承受下一阶段（Commissioning tests）试验
2	Commissioning tests 试车	包括雇主要求中规定的操作试验，以证明工程或单位工程能够在所有可利用的操作条件下安全地操作
3	Trail operation 试运行	证明工程或单位工程运行可靠，符合合同要求

国际工程项目的竣工试验与一般国内工程项目存在较大差异。以冶金工业为例，国内项目建设的一般做法是：总承包商负责单机试车、无负荷联动试车。随后雇主接收工程，进行带负荷联动试车和试运行考核。双方差异参见图 2-4 所示。

从图 2-4 可看出，FIDIC 2017 版黄皮书规定的承包商负责的竣工验收流程，较一般国内冶金工程建设项目，增加了带负荷联动试车、试运行（包括性能考核）等内容，向雇主移交整体工程的节点也相应推后很多。如遇项目需经过较长时间的爬坡期（Ramp-up）才能进入稳定运行并进行性能测试，这一验收移交流程的时间跨度更大。因此如果承包商的工期约定至试运行结束，承包商的工期违约风险及项目移交难度都会相应加大。在此情况下，承包商应高度关注竣工试验和项目工期的关联，在拟定此条款时，至少应注意以下问题。

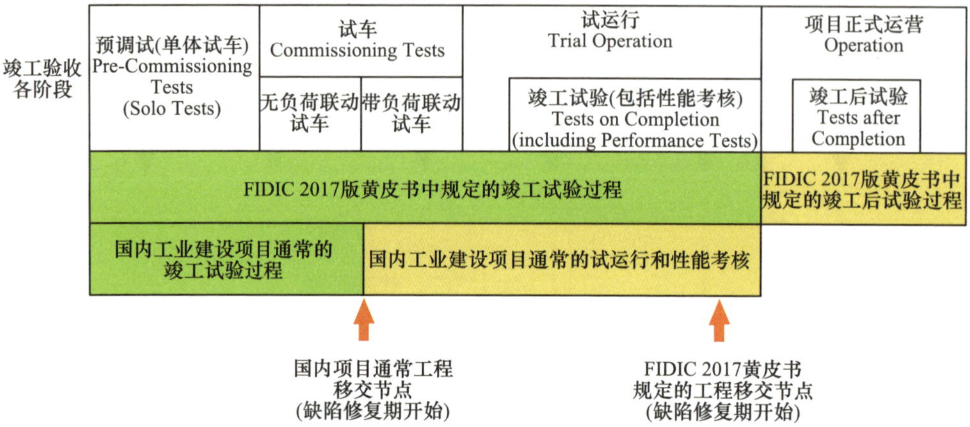

图 2-4 FIDIC 2017 版黄皮书与国内常规项目移交节点差异

(1) 明确验收移交流程及节点。需根据投标阶段对于项目整体工期的要求，拟定切实可行的工程移交节点，确保工程在合同规定的工期内顺利移交。尽量将工程移交节点提前，最理想状态为提前至无负荷联动试车完成。如不可行，考虑到试运行的材料、水电气等辅助设施、操作管理人员、产品处置等一系列因素制约，也应尽量将性能考核排除在竣工试验过程之外，改为由雇主负责试运行，承包商予以必要的指导及协助，同时将性能考核纳入竣工后试验范畴。

如果雇主坚持要求按照 FIDIC 2017 版黄皮书相应条款执行，则应对上述问题产生的工期、成本、风险等不确定性予以充分考量，并体现到工期及合同报价中。

(2) 明确规定双方在竣工试验中的责任分工。应在合同中充分明确双方在竣工验收中的责任分工，至少包括人员、油料、润滑油脂、燃料、原料、易损品易耗件、耗材、水电气、场地等相关情况由哪方负责。根据 FIDIC 2017 版黄皮书规定，竣工试验由承包商组织，上述一应事宜均由承包商负责。但如在实际项目环境中，竣工验收中需要的部分辅助设施及物资只能由雇主提供，或由雇主提供更为经济便利，则可与雇主就相关细节进行协商，并在合同中予以明确。对于双方分工，可在合同正文中描述，也可指向雇主要求等附件，在附件中予以明确说明。对于需要雇主负责的部分，应尽可能在附件中明确约定，避免含混和有争议的描述。

(3) 明确竣工试验相关文件及期限。对于为竣工试验出具的一应文件，如试验程序、试验通知、参与试验的确认等，应在合同中明确规定文件的出具时间及审核反馈时间。对于竣工移交文件的申请、雇主反馈时间以及“雇主未及时反馈视为已确认”等均应有明确约定。

如使用 FIDIC 2017 版黄皮书作为合同模板，则上述时限在通用条款中均有相应规定，承包商需审核相关条款并根据项目实际情况确定切合实际的时限。

（4）明确竣工试验通过标准。应明确竣工试验通过的标准，如能够将“完成无负荷或带负荷联动试车”作为验收标准，建议明确“试车成功、工程整体可投入运营”时，项目通过竣工试验和承包商可以办理工程移交。同时还应尽量明确雇主不应以不影响工程整体运行的非关键缺陷拒绝办理项目移交。相关缺陷可列入移交证书的缺陷清单（punch list），于缺陷修复期内进行修补。

如项目将 FIDIC 2017 版黄皮书规定的流程作为竣工试验流程，将试运行、性能考核等纳入竣工试验范围。关于性能考核的相关事宜请见本章“2. 3. 27. 4 性能测试”的相关描述。

对于未通过试验、重复试验以及拒收的相关规定，请见本章“2. 3. 20 试验未通过与拒收”的相关描述。

2. 3. 27. 3　工程移交

合同中应明确竣工试验通过后承包商申请工程移交，要求雇主签发工程移交证书的权利。

同时，对雇主签发移交证书的时限、雇主无故不签署移交证书的处理都应予以规定；也可以尝试在合同中加入：只要工程投入运行或试运行，即视为雇主已颁发工程移交证书。

最后，相关条款中还应明确移交证书签发后，工程照管责任整体移交雇主。

2. 3. 27. 4　性能测试

如上所述，合同中应尽量约定将性能测试移至竣工后试验范围，以避免性能测试的各种不确定性影响项目验收移交。承包商在拟定与性能测试相关的合同条款时，可以参考本章 2. 3. 27. 2 小节的相关描述。此外还需要对以下内容予以特别注意。

（1）关于双方责任划分。如果性能测试可以纳入竣工后试验范围，则相关试验一般应由雇主组织，承包商参与并提供指导，相应的原料、燃料、辅助设施、场地均由雇主提供，所有产品也归雇主所有。但合同中也应保留承包商参与试验以及记录测量试验过程及结果的权利。

（2）关于试验指标设置。应当争取对性能试验参数和指标做出定量描述，设置可测量的明确指标，以避免由于合同规定不明造成后续执行过程中的争议。

（3）关于性能测试未满足指标的处理。在性能验收的条件设置上，特别是瑕疵履行和缺陷交付的有关规定上，一般遵循以下原则：

1）争取在条款中同时设定考核参数达不到合同规定的验收标准（指标）的情况下，项目可以带缺陷接收的最低接收标准（指标），并设定最低接收标准（指标）所对应的缺陷赔偿责任；

2）当考核参数的指标介于最低接收标准（指标）与合同验收标准（指标）

时，承包商支付缺陷赔偿后雇主接收项目。缺陷赔偿额度应当事先在合同中予以明确，或者明确其计算方式，例如在合同中事先约定计算公式或者使用直线内插法等计算得出。

（4）关于性能测试争议的处置。由于性能测试往往涉及较多的技术性问题，专业性较强，由 DAB 或一般合同的仲裁机构裁决可能存在一定操作层面的困难。建议根据实际情况，考虑是否需要引入相关专业机构作为性能测试争议的专门处理机构。对于未通过试验、重复试验以及拒收的相关规定，请见本章“2.3.20　试验未通过与拒收”的相关描述。

2.3.28　合同价格

工程承包项目的合同计价模式主要有总价合同、单价合同以及成本加酬金合同 3 大类，承包商承担的风险依次减小。

2.3.28.1　总价合同

总价合同也称为固定总价合同。若不考虑索赔、变更等因素引起的调整，雇主向承包商支付的价款总额应为合同协议书中的合同价格，雇主按照约定的支付计划表进行支付。在总价合同下，承包商通常承担单价变化和工程量变化的风险。

总价合同中的固定总价也不是不允许调整的。当合同出现变更、索赔以及暂列金实际使用等情况时，承包商可以申请对合同价格进行调整。

此外总价合同也可以约定汇率调整和材料价格调整因素。承包商在合同签订前就要调研、分析合同币种在项目全生命周期内的汇率走势，可在合同中引入汇率调整公式或约定一定的汇率变化范围，超出合同约定的汇率变化范围，要允许承包商提出价格调整，同时对于基准日、基准汇率的约定（包括银行、汇率、时间信息等）也要清楚详细；对于材料价格调整因素，承包商首先可在合同里约定可调材料的范围，通常是约定价格浮动变化比较大的材料，譬如钢材、水泥、汽油、柴油等。其次，约定允许材料价格调整的变化范围，可选用材料价格调整公式或双方约定一个变化范围，譬如约定在项目实施期间内材料价格平均变化浮动在±5%以内的，材料价格不调整，风险由承包商承担；材料价格浮动超过 5%的，超过部分的价格据实结算等。

承包商在合同签订时要特别注意基准价格的选取和约定，同时还要注意平均价格浮动的计算方式（如取算术平均值还是加权平均）以及材料价格调整的计量周期（如按月计量还是结算统一计量调整等）。

2.3.28.2　单价合同

单价合同中的单价是固定的。合同价格以工程量清单中的单价和实际结算的工程量为基础计算，工程量清单中的工程量仅作为投标报价和评标的依据，不用于实际结算。在单价合同下，承包商承担单价变化的风险，雇主承担工程量变化的风险。

单价合同中的工程量清单是合同计量计价的基础依据，是承包商在投标报价时做出的价格承诺。雇主与承包商结合项目实际完成的工程量，依据工程量清单单价，在不改变单价标准的基础上，对合同价格进行调整。但这个承诺的单价基础并非不可改变，譬如，承包商在合同签订时可以约定，当工程量变化超过原合同的10%（或另外约定的范围）或工程量清单中没有相同或类似的单价标准时，承包商有权制定新的价格标准；同时，承包商也可在合同里增加，当单次变更的合同金额超过原合同价格的10%，或累计变更金额超过30%时，承包商有权要求雇主提供新的资金安排证明，避免雇主大量变更但无力支付相应费用的情况发生。

在合同执行过程中时常会出现工程量清单缺项的情况，为了避免发生单价合同中的工程量清单价格缺项或漏项的情况，建议承包商在合同中约定新增单价的价格确定依据。必要的变更估价原则在以工程量清单为依据的单价合同中显得尤为重要，一般来说，变更估价的原则参考以下依据来拟定：

（1）对于合同中工程量清单已有的单价，该变更项按照已有单价标准进行取定；

（2）工程量清单中没有单价，但有相似工作的，应选用相似工作的单价；

（3）工程量清单中没有相同或相似的工作，需制定新的单价时，应参考工程量清单中相关工作的单价，并做相应调整；

（4）当工程量清单中既没有相同或相似的工作，也没有可以参考的其他数据资料时，则应按照合理成本加一定比例利润的原则商定单价。

2.3.28.3 成本加酬金合同

成本加酬金合同为实报实销型，雇主向承包商支付的价款总额为承包商实际花费的成本加合理报酬。在这种合同价格类型下，雇主承担了单价变化和工程量变化的风险，最终合同价格具有非常大的不确定性。成本加酬金合同有很多形式，主要包括成本加固定酬金合同、成本加固定比例酬金合同以及成本加奖金合同等。

2.3.28.4 合同价格模式的选择

国际工程承包项目合同价格模式的选择与合同双方风险分担的范围和原则直接相关。图2-5以固定总价合同和成本加酬金合同为例，从合同价格构成、价格结余归属的角度，阐释了不同价格模式的风险分担情况。

从图2-5两种模式对比可以看出，承包商在不同价格模式下承担的风险以及获得的收益存在较大差异。在固定总价模式下，雇主将承包商成本的设备费结余、建安工程费结余、不可预见费等作为利润和风险储备金让渡给承包商，同时

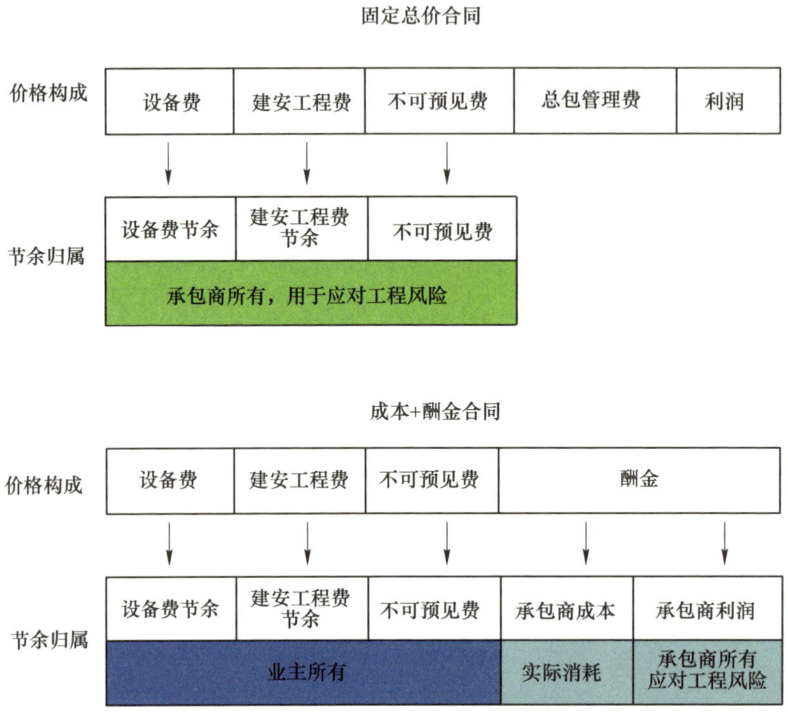

图 2-5　固定总价合同与成本加酬金合同价格构成区别

将汇率损失、原材料涨价、性能担保、工程实体损失等项目风险转移给承包商。而成本加酬金模式下，承包商的项目成本、利润对雇主完全透明，上述原本归属于承包商的费用结余全部划归雇主所有，承包商能够获得的利润比较有限，抗风险能力较固定总价合同明显变弱，因此只应承担有限的项目管理风险，计算承包商在合同项下对雇主的违约赔偿时也应以合同酬金而非成本加酬金的合同总额为计算基数。

雇主选择合同价格模式时也应认识到，决定项目最终造价的关键因素除了项目的承包价格外，还包括项目的风控成本等。国际工程总包项目一般采用固定总价模式，由承包商来承担大部分风险，雇主因此付出比其他合同计价模式更高的价格，但这并不意味着雇主一定会付出更多的项目总成本。因为其他计价模式下，雇主与承包商的合同价格看似降低了，但雇主却承担了更多的风险，势必会产生额外的风控成本。尤其当雇主风控能力不足时，项目风险转化为项目成本的概率更是会大大增加。同样，如果固定总价模式下承包商的风险管控能力较弱，承包商也可能因此付出惨痛代价，毕竟承包商因风险管控不力导致亏损的案例屡见不鲜。

因此在充分剖析项目风险的情况下，合同双方应本着“风险与收益相匹配”

的原则，以及 FIDIC 合同条件所提倡的“将每一个风险都分配给能够更容易控制它、承受它、处理它的一方”的原则，为项目合同选择适合的计价模式。

2.3.29 税收

承包商进入一个新市场时，往往不了解当地税收（Tax）的情况，因此最好在合同价格中明确约定双方以国境为划分缴税责任的界限。如项目所在国法律规定某些税金必须由承包商先行缴纳，则合同中应明确报销方式。如果雇主坚持当地税金由承包商承担，承包商应在报价中明确列出合同价格包含的税种以及税率。关于税收的详细论述可见本书第 5 章 5.4.5 小节“税收风险管理”的内容。

2.3.30 支付

合同支付（Payment）条款中应明确预付款的支付比例、支付方式和扣还方式。确定合同进度款的支付条件和支付方式。确定支付合同价款的外币和当地币的比例。工程付款应以某种较稳定的外汇硬通货计价或者签合同时即固定汇率，否则建议增加适当的保值条款。相比于电汇（T/T），跟单信用证（LC）的付款方式更能保障承包商及时获得支付。

付款的延误对承包商影响较大，为了保护承包商的利益，应在合同文本中对雇主延误付款的后果做出相应规定，例如：如果承包商没有在合同规定的时间内收到付款，有权就未付款项按月计算复利，收取延误期的融资费用，另外雇主的付款延误达到合同中约定的程度后，承包商还应有权暂停工作或放慢工作速度，直接终止合同。

2.3.31 雇主风险

雇主在合同项下应该承担的风险被称为“雇主风险（Employer's Risks）”。一旦出现“雇主风险”中约定的事件，雇主应承担随之而来的损失或损害，对承包商因修正此类损失或损害而遭受的延误和（或）招致的费用进行补偿，某些情况下还应补偿相应费用的合理利润。FIDIC 2017 版黄皮书不再使用“雇主风险”的概念，删除了原 1999 版中 17.3“雇主的风险”和 17.4“雇主风险的后果”。这是因为上述两个条款可能会让合同条件的使用者误认为“雇主风险”是指雇主在合同下的所有风险。根据 FIDIC 2017 版黄皮书，可以归为雇主风险的大致可以概括为以下 6 类风险事件：

（1）项目执行过程中，不可避免的遭受到的有关于通行许可、水、电、气或其他地役权的障碍（承包商自身施工方案问题导致的除外）；

（2）雇主使用或占用永久工程导致的损害，合同中另行约定的除外；

（3）雇主原因导致的工程设计错误、缺陷或漏项等；

(4) 不可预见的，或不能合理预期一个有经验的承包商应已采取适当预防措施的任何自然力的作用；

(5) 列在“例外事件（不可抗力事件）”中的任何事件或情况；

(6) 雇主或雇主其他承包商的违约行为。

如果上述列举的任何风险达到对工程、货物或承包商文件造成损失或损害的程度，承包商应根据合同约定通知工程师或雇主，并按其指令，修复此类损失或损害。雇主应对承包商因修正此类损失或损害而遭受的延误和（或）招致的费用进行补偿，特定情况下，雇主还应补偿承包商一定的合理利润。

2.3.32 保障

在国际工程合同的保障（Indemnity）条款中，承包商通常被要求保障雇主免于承担因承包商不履约、履约不当、工作疏忽（negligence）或恶意行为（willful act）导致的索赔、损害、损失和费用，而相应的，雇主也应当保障承包商免于承担因雇主的疏忽、违约、故意行为等而造成的索赔、损害、损失和费用。承包商可以通过购买保险以及将保障义务转移给分包商、分供商的方式转嫁部分风险。

2.3.33 项目保险

国际工程合同条款对项目保险（Insurance）的投保险种、保险期限、保障范围、投保金额、投保人、受益人等一般都会有明确的要求。除此之外，承包商还应注意项目所在国法律对保险购买的要求，例如是否存在强制购买的保险、是否限制再保分出份额、是否要求必须当地出单等。

根据保障范围的不同，可以将国际工程项目保险大致划分为财产保险、人身保险、责任保险和信用保险等。

2.3.33.1 财产保险

财产保险（Property Insurance）保障的是被保险人的有形财产本身以及相关利益因自然灾害或者意外导致受到损失的风险，主要包括：

(1) 建筑/安装工程一切险（CAR/EAR，Construction/Erection All Risks）。是工程保险最常用的险种之一，保障的是工程项目在实际建造过程中，因自然灾害或意外事故而面临的风险，以永久工程本身，包括构成永久工程的装置、设备及材料等为保险标的。因设计疏忽或错误、工艺问题或使用有缺陷的材料等造成的损失不属于该保险保障范围。

建筑/安装工程一切险可以由承包商购买，但也有工程项目的雇主出于经济性、便利性的考虑，为项目统筹安排一张大的建筑/安装工程一切险保单，此时承包商应重点评估雇主的保单是否已将承包商及承包商的分包商列为联合/附加被保险人、雇主的保险方案是否能够满足承包商对风险控制的需求等。此外承包商还应关注建筑/安装工程一切险与货物运输保险的衔接，避免出现工程货物的重保、漏保。

（2）施工机具一切险（Machinery and Equipment All Risks）。一般情况下，未经保险合同特别载明，施工用机具、设备、机械装置等不属于建筑/安装工程一切险的保险标的，承包商可以选择投保施工机具一切险，并将其作为工程一切险的扩展保障内容，以节省保险成本。另外，施工单位对施工机具的使用及出险情况掌握最为及时，因此也可以由施工单位单独投保施工机具一切险。

（3）货物运输保险（Cargo Transportation Insurance）。保障运输中的货物因自然灾害或意外事故所致损失的风险，可分为海上货物运输保险、陆上货物运输保险、航空货物运输保险、邮包保险以及联运保险等。货物运输保险的期限多以一次航程或运程计算。

承包商在安排货物运输险时，应关注保险责任的起止时间和地点以及与其他保险的衔接等。

2.3.33.2 人身保险

国际工程项目现场人员面临的主要风险包括自然气候风险、政治风险、施工安全风险、交通意外风险、落后的医疗条件风险等。为了应对上述风险，承包商可以为雇员办理工伤保险、人身意外伤害险、境外医疗保险及紧急救援等人身保险（Personal Insurance）。在某些特定国家还需要考虑涉及现场人员人身安全的特殊险种，如绑架勒索保险等。

（1）工伤保险（Worker's Compensation Insurance）。相当于美国的劳工险，属于社会保险的范畴，覆盖面广，但保障范围小，赔付率较低。保障范围包括被保险人因工作而遭受意外或患与业务有关的国家规定的职业性疾病，所致伤、残或死亡医药费用等。

（2）人身意外伤害险（Life Accident Insurance）属于商业保险，转移的是“意外事故”的风险。保障范围较社会保险要广，保障额度较大。工程类企业通常为派驻到不发达国家、通讯不畅、交通不便地区、从事危险活动或派驻现场的人员投保一定额度的人身意外伤害险，并附加短期紧急救援。国内保险公司一般不承保自然灾害和政治风险导致的人身意外伤害风险，如战争、内乱、骚乱等属于除外责任。承包商可以与国外保险公司协商，根据项目实际需求确定除外责任。

（3）境外医疗保险及紧急救援（Overseas Medical Insurance & Emergency Assistance）是保障由于疾病导致的医疗费用、意外事故发生后的医疗费用以及紧急救援服务。具体而言，境外医疗保险的保障范围包括：1）医疗服务：由于普通疾病去医院看门诊、急诊以及住院的医疗费用支出；2）医疗救助：紧急救援、医疗转运、发生紧急救援情况下的医疗赔付；3）政治转运：当被保险人所在国或项目所在国官方政府发布通知，要求国民紧急撤离时，救援公司提供紧急转运服务。

国内保险公司对于紧急救援服务的范围限制较多，一些高风险区域或政治风险等会被列为除外责任。由于成本过高，承包商有时不希望投保境外医疗而仅投保紧急救援服务，但在与境外保险公司协商时很难实现。这可能是由于长期驻留现场的人员，发生工程事故、突发事件需要紧急救援和医疗服务的概率较高，保险公司为了规避逆向选择的风险，因而把两个险种捆绑在一起。

对于人身保险的购买，要根据项目的实际情况确认保单的保障地域是否为全球，是否存在除外区域（有些保单会排除美国、加拿大或某些风险系数高的国家或地区）；与保险公司确认投保时是否需要提供被保险人花名册；被保险人每次出境前是否需要逐一报备等。

（4）各方针对员工安全和健康的保险对策指总承包商的员工、分包商的员工和当地雇员。

1）总承包商的员工。根据自身特点，对外承包工程的总承包公司大致可以分为以下 3 类：

① 以设计为优势的总承包商，他们基本靠自有人员完成全部设计和设备、材料的采购工作，施工安装则完全分包出去，在现场工作开展以后，仅派出少量人员常驻现场负责与雇主协调沟通并管理施工分包商，承包商自有的设计人员则根据现场工作的开展情况，依专业不同分别到达现场进行设计交底并指导安装，设计人员在现场的时间通常不会太久；

② 以施工安装为优势的总承包商，他们承揽的项目设计难度不大，设备采购的工作量较小，占绝大部分工作量的施工工作主要依靠总包商自己来完成。在项目实施过程中，总包商会派遣大批自有人员长期驻扎现场直至项目结束，仅有部分专业性较强的施工任务会分包给专业分包商。由于大批人员深入到施工第一线，因此发生人身伤亡事故的概率较高；

③ 以融资、设备采购和项目管理为优势的总承包商，他们通常能够凭借自身的资金优势为雇主提供卖方信贷，并依靠其良好的供应链系统和丰富的项目管理经验在海外总承包市场获得一席之地。在项目实施期间，他们仅会派出少量项目管理人员驻扎现场协调雇主、设计分包商、施工安装分包商以及供货商的关系，履行当地经济发展义务，以保证项目的顺利实施。

对于第①类和第③类总承包商长期派驻现场的人员，由于驻留时间较长，发生意外事故的可能性较大，且由于疾病产生的医疗费用较高，公司应考虑有针对性地为这部分人员购买长期的、稳定的人身意外伤害险，对于医疗条件较好的国家，可考虑为员工购买境外医疗保险。对于交通运输情况较差、环境恶劣的地区，应为员工购买附加险紧急医疗救援服务。对第②类总承包商而言，由于派驻现场人员面临的风险更大，因此在上述保险采购原则的基础上，应该认真研究各种保险方案及其除外责任条款，提高意外伤害险的保险金额，并根据项目背景相应减少除外责任。

对于第①类承包商中的设计人员，以及各类总承包商短期派往现场的人员，由于逗留时间较短，且在现场办公室内的时间多于在施工工地的时间，因此国内保险公司提供的短期境外意外伤害保险基本可以满足要求。

2）分包商的员工。设计分包商虽然主要工作均在国内完成，但仍然需要排遣设计人员到达现场进行设计交底和现场服务，因此这部分人员的保险采购策略与第①类总承包商中的设计人员类似。

大型设备的供货商需要排遣人员到现场参加开箱检验、进行指导安装以及试车服务等，但由于在现场的时间较短，投保策略与设计分包商类似。

施工分包商是分包商中面临人身风险最大的，投保策略应与第②类总承包商类似。但在进行保险采购时，应先确认紧急救援服务是否已经由雇主或总承包商提供。对于大型的工程项目而言，通常雇主或总承包商会为整个项目购买紧急医疗救援服务。

3）当地雇员。在实施海外工程项目中，还有一个特殊的群体就是当地雇员。无论总承包商还是分包商都可能会根据项目的实际需要雇用部分当地人任职行政管理人员、会计、工程师、保安、司机或是施工工人等。当雇用这类人员时，必须根据当地相关劳工法的规定为其投保，有些国家将险种确定为劳工补偿险，也有的国家确定为雇主责任险。这类保险为强制险种，并且需要向当地的保险公司购买。一旦漏保，可能会引发当地有关政府部门的责难，甚至带来很严重的法律后果。

2.3.33.3 责任保险

被保险人行为所致的事故导致第三者人身或财产受到损失，被保险人依法应对第三者承担民事赔偿责任。承包商可以通过购买责任保险的方式转嫁风险。国际工程项目中常见的有下列责任保险（Liability Insurance）。

（1）商业综合责任险（CGL，Commercial General Liability）。CGL 是一种常见的涉外综合责任险，多出现于北美市场。保障范围可以包括一般公众责任（PL，Public Liability）、合同责任（Contractual Liability）、产品责任（PDL，Product Liability）、完工操作责任（Completed Operations Liability）、广告侵害责任（Advertising Liability）、个人权利侵害责任（Personal Injury Liability）等。第三者因被保险人原因所遭受的“人身伤害”“财产损失”“个人伤害”“广告侵害”，所发生的“医疗费用”等可由保险公司在保单承包范围内赔偿。商业综合责任险的保障范围是菜单式的，被保险人可以根据项目情况和合同要求投保。

（2）第三者责任险（TPL，Third Party Liability）。被保险人在建设工程实施期间因意外事故对第三者造成人员伤亡或财产损失的赔偿责任，在保单范围内由保险人承担。可以单独投保，也可以作为建筑/安装工程一切险等主险的附加险种投保，保障范围与公众责任保险相似。

（3）雇主责任保险（ELI，Employer's Liability Insurance）。与工伤保险的保障范围大致相同，区别在于保险标的不同。雇主责任险的保险标的是雇主对雇员依法应负的民事赔偿责任，保障范围除上述工伤保险涵盖的范围以外还包括雇主应承担的经济赔偿责任以及应支出的诉讼费用。雇主责任险的购买时应与保险公司确认承包商的劳务派遣人员是否属于该保险的覆盖范围。在很多国家，雇主责任保险受"雇主责任法"的约束，属于强制保险。

（4）职业责任险（PI，Professional Liability Insurance）。职业责任险是承保各种专业技术人员在从事专业技术工作过程中，因过失造成他人人身伤害或财产损失而依法应当承担的民事赔偿责任的保险，又称职业赔偿保险或业务过失责任保险。目前较大范围使用的职业责任保险为设计责任险，以因设计上的疏忽或过失而引发工程质量事故造成损失或费用应承担的经济赔偿责任为保险标的。

（5）潜在缺陷责任保险（IDI，Inherent Defects Insurance）。潜在缺陷，又叫隐性缺陷，主要是指那些受用工用料、设计标准、施工技术等各类因素影响造成的、不易被发现，且显现时间较为长久的缺陷问题。为了规避潜在缺陷可能给工程造成的损害，一些法语地区，特别是非洲的项目雇主会要求承包商在正常的缺陷通知期外，额外承担潜在缺陷的质量保证义务，保障期限最长达到十年之久。承包商此时可以购买潜在缺陷责任保险，也叫"建筑物十年期责任保险（Liability for Ten Years）"，来转移风险。我国部分地区也在试点推广该保险。

2.3.33.4　出口信用保险

对于以出口信贷等方式执行的融资类工程项目（两优贷款除外），出口信用保险（Export Credit Insurance）是中方银行提供工程贷款的必要前提条件，针对不同类型的贷款方式，需要贷款方投保相应的保险。同时，对于存在一定收汇风险的国家或雇主，承包商也可根据项目情况，考虑针对收款风险投保相应的保险。中国出口信用保险公司（中国信保）是我国唯一承办出口信用保险业务的政策性保险公司。一般情况下，出口信用保险均从该公司投保。

2.3.33.5　国际工程的保险安排

国际工程项目，可邀请专业保险经纪公司协助制定保险方案和开展保险询价。在国际工程项目合同订立、谈判过程中，承包商需要审查合同中的保险条款和要求。应合理界定雇主和承包商各自应承担的风险和责任，并明确雇主和承包商应负责购买和管理的险种。合同条款中应尽量避免下列情形：

（1）责任险的赔偿限额超出行业惯例和项目规模，导致保险成本陡增，甚至可能降低保险人承保意愿，在市场上购买不到具体保险，从而影响合同的可执行性；

（2）雇主将不应该由承包商投保的险种强加到承包商责任范围里，如项目延迟完工保险；

（3）对保险公司提出违背市场公平竞争原则的限制条件；

（4）免赔额设置不合理。

项目实施前，建议由承包商和雇主在中标通知书发出以后就项目保险的保单和条款进行协商，并尽可能在合同签订前对保险公司资质要求（是否需要项目所在国保险公司出单）、保单承保范围、赔偿限额（单次、累计）、免赔额、保险年限、保单的除外情形（除外特殊地区、特殊情形等）达成一致意见。

（1）对于保单条款的协商，在满足雇主投保需求的前提下尽量优化保单设置，合理利用扩展条款，比如可以将第三者责任险、承包商施工机具险、仅有内陆运输的运输险作为工程一切险的扩展条款，起到降低保费的目的。

（2）对于职业责任险的购买，要与雇主协商保单条款是否包含符合满足预期目的的要求（Fit for the Purpose），对于需要满足预期目的的职业责任险，实际扩大了职业责任险的保险范围，除了对设计人的设计错误、遗漏承担赔偿责任以外，还要对没有达到合同预期目的相关指标承担赔偿责任，所以在购买职业责任险时要明确保险范围。

（3）对于保险年限的设定也是需要特别关注的。一般来说工程一切险的年限由开工日至颁发移交证书为止；第三者责任险、职业责任险由开工日至颁发履约证书为止；职业责任险的年限尽量控制在3~5年以内，以此降低保单费用，同时避免职业责任险年限过长，造成无保险公司可以承保的境况。

（4）投保时应注意保险单的形式分为事故发生制和索赔发生制。事故发生制是指在承保区域内发生意外事故的索赔，只要事故发生在保险期限内，在当地法律规定的追诉时效内提出均可理赔，保费相对高一点。索赔发生制是指在承保区域内发生意外事故的索赔请求必须在保险期间内提出索赔。若每年续保，则二者基本没有区别。国外雇主要求事故发生制保单的较多。

2.3.33.6　国际工程的保险合同管理

项目实施过程中，应定期检查保险合同执行情况，确保保险合同与项目实际情况相匹配。

（1）按照相关要求和程序，在保险合同届满前完成续保手续。

（2）应根据合同总金额的变更情况，应重新计算保险金额并提出加保申请，确保保额与合同责任相匹配。

（3）发生保险事故后，应按照相关要求和程序，及时向保险公司报案，妥善保护事故现场，必要时应积极组织施救，避免损失进一步扩大。并应配合保险公司或保险公估人现场查勘、取证、提交相关证据，协助配合保险公司、保险公估人进行事故原因调查、核定损失、处理残值。

（4）应注意保险合同中对索赔期限和时效的具体约定，确保权益。

2.3.34 例外事件

FIDIC 2017 版合同条件中的“例外事件（Exceptional Events）”即指原 1999 版中的“不可抗力”（Force Majeure）章节。根据 FIDIC 2017 版黄皮书，“例外事件”是指某种特殊事件或情况，这些事件或情况满足如下的条件：

（1）一方无法控制的；

（2）该方在签订合同前，不能对之进行合理防备的；

（3）发生后，该方无法合理避免或克服的；

（4）不主要归因于另一方的。

事件发生后，承包商能否合理避免或克服，有时会成为该事件是否可以被认定为例外事件的关键因素。雇主可能主张虽然有特殊事件或情况发生，但是承包商仍然可以有其他的补救或克服方法，无非就是多支付一些费用，多花一些时间的问题。此时需要对这种“补救”或“克服”方法是否合理及恰当进行全面评估，如果超出一般意义上的合理解决方式，则应被认定为“无法合理避免或克服”。

只有同时满足上述（1）至（4）项条件的事件或情况，才可以被认定为例外事件，常见的例外事件包括但不限于以下情形：

（1）战争、敌对行动（不论宣战与否）、入侵、外敌行动；

（2）叛乱、恐怖主义、革命、暴动、军事政变或篡夺政权，或内战；

（3）承包商人员和承包商及其分包商的其他雇员以外的人员造成的骚动、喧闹、混乱；

（4）非仅涉及承包商人员和承包商及其分包商其他雇员的罢工或停工；

（5）战争军火、爆炸物质、电离辐射或放射性污染，但可能因承包商使用此类军火、炸药、辐射或放射性引起的除外；

（6）自然灾害，如地震、飓风、台风或火山活动；

（7）传染性疫病。

如果一方因例外事件使其履行合同规定的任何义务已或将受到阻碍，应向他方发出关于构成例外事件或情况的通知，并应明确说明履行已或将受到阻碍的各项义务。根据 FIDIC 2017 版黄皮书，此项通知应在该方觉察或应已觉察到构成例外事件的有关事件或情况后 14 天内发出。每方都应始终尽所有合理的努力，使例外事件对履行合同造成的任何延误减至最小。

若例外事件使承包商遭受工程延误或费用增加，且承包商已根据上述规定通知雇主该例外事件，那么承包商有权根据合同索赔条款对项目工期造成的延误提出索赔，同时当例外事件或情况发生在项目所在国时，雇主还应补偿承包商因此增加的费用。自然灾害类例外事件（如地震、飓风、台风或火山活动等）除外，承包商仅有权取得工期补偿。所以为了避免发生自然灾害时无法索赔费用，应在合同签订前做好充分尽调，将项目执行过程中有可能涉及的自然灾害等级、规模尽可能详尽的约定在合同之中，提前规避风险，还可以结合工程一切险进一步规避自然灾害类事件时对承包商造成的影响。

如果例外事件导致整个工程实施受到阻碍持续 84 天，或累计阻碍达到 140 天，任一方可以向另一方发出终止合同的通知。在此情况下，终止应在另一方收到该通知 7 天后生效。终止后承包商应该尽快提交详细支持资料，证明其已完成的工作价值并申请获得款项，款项具体包括以下内容：

（1）已完成的、合同中有价格规定的工作应付款；

（2）为工程订购的、已交付给承包商或承包商有责任接受交付的生产设备和材料的费用，当雇主支付上述费用后，此项生产设备和材料应成为雇主的财产（风险也由其承担），承包商应将其交由雇主处理；

（3）承包商为了完成工程而导致的其他费用或债务；

（4）将临时工程和承包商设备撤离现场、并运回承包商国家工作地点的费用（或运往任何其他目的地，但其费用不得超过运回承包商本国工作地点的费用）；

（5）在终止日期时专门为本工程所雇佣的承包商员工的遣返费用。

2.3.35 争端解决

国际工程合同中应设立争议解决（Dispute Resolution）程序，一般包括仲裁和诉讼。在具体合同中，应综合分析成本效益，明确择其一作为最终争议解决方式。尽量避免同时选择仲裁和诉讼或者仲裁或诉讼约定模糊不清，因为在大部分国家和地区，同时约定仲裁和诉讼或者仲裁约定模糊不清，都有可能导致仲裁条款无效。相对而言，仲裁裁决具有更广泛的可执行性。因此，在签订国际工程合同时，建议选择仲裁作为合同最终争议的解决方式，且仲裁条款应包括以下几方面内容：

（1）仲裁地点，建议在第三国或地区，推荐新加坡、中国香港或者伦敦；

（2）仲裁机构，常用的仲裁机构包括：国际商会国际仲裁院（The International Court of Arbitration of International Chamber of Commerce，ICC）、新加坡国际仲裁中心（Singapore International Arbitration Center，SIAC）、香港国际仲裁中心（Hong Kong International Arbitration Center，HKIAC）、中国国际经济贸易仲裁委员会（China International Economic and Trade Arbitration Commission，CIETAC）等，建议首选 ICC；

（3）仲裁规则，建议适用所选仲裁机构自己制定的仲裁规则；

（4）仲裁语言，建议与合同语言保持一致，推荐英语；

（5）仲裁效力，应在仲裁条款中明确规定仲裁的效力，强调仲裁裁决是终局的，任何一方都不得向法院提起上诉。

第3章　国际工程承包项目合同履约阶段的管理

3.1　合同履约阶段的划分

国际EPC工程项目的合同履约阶段一般以项目总包合同正式签订为起点，以项目缺陷责任期（或质保期）到期，项目最终验收，完成项目最终结算为结束标志，涵盖项目履约全过程各项工作。此外，在合同双方商定合同条款并完成合同小签，但尚未正式举行合同签署仪式，完成合同正式签署之前的一小段时间，项目合同商务人员可依据已确定的合同条款，开展部分准备工作。对于某些具有特殊约定的EPC衍生合同，在项目执行期前后也会有部分项目建设以外的工作，如EPC+F类合同在合同正式生效开始执行前，需要完成融资相关工作；EPC+O模式的合同，雇主会要求承包商承担一段时间的运营或运营指导工作。

通常情况下，EPC项目履约依执行阶段划分为策划、设计、采购、施工、试车验收、质保等，各阶段均有相应的合同相关工作。项目的各项工作，均应以合同为根本依据，紧紧围绕合同规定的范围及要求开展，雇主和承包商的相应诉求，也应以合同规定为评价依据。如在合同履约过程中遭遇合同文本未能明确规定，或合同规定中释义模糊之处，双方可友好协商对合同条款进行补益，并将协商结果以合同承认的方式，如合同修订、合同补充、会议纪要、合同变更、正式往来函件等予以确定。

本章节主要阐述承包商自项目合同签约开始，至项目完成竣工试验并正式交付雇主这一时间段内合同履约管理的各项主要工作，及在此过程中承包商履行合同各项规定时应着重关注的关键性风险。通常情况下的EPC项目流程及各阶段合同工作内容请参见图3-1。

3.2　合同履约准备

合同履约准备是指为确保合同顺利执行，在项目合同正式签署，或合同文本定稿小签后，承包商应进行的合同执行规划工作。在此过程中，承包商的项目执行团队应进行系统性的合同研读、梳理，并根据合同内容，对此后合同执行过程中相关事宜予以事先沟通和计划，并对可预见的项目执行风险进行提前规划，拟定风险应对措施。该项工作通常由承包商的项目执行团队组织完成，项目开发团

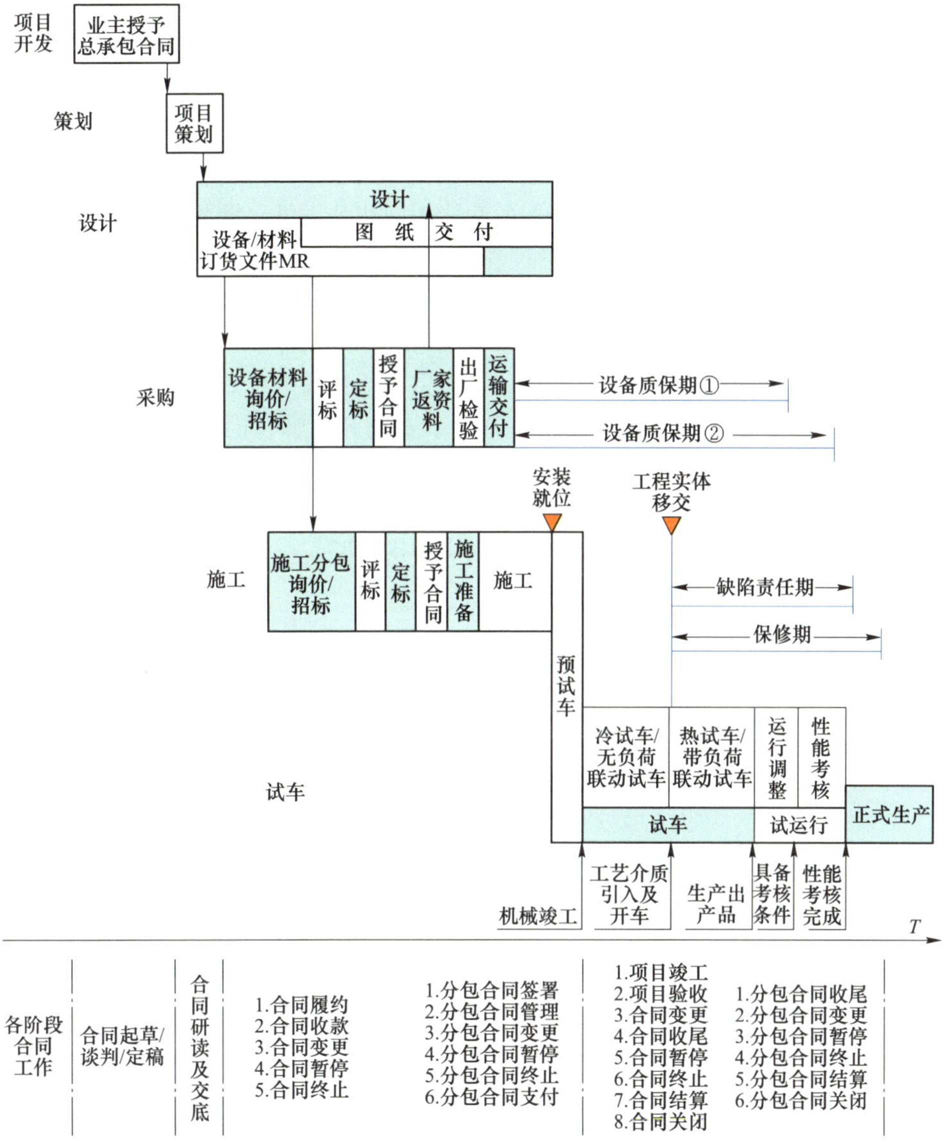

图 3-1　工程项目流程及相关合同工作示意图

队、各相关职能部门共同参与。本章内容不涉及项目管理手册编制、项目进度计划、工作分解结构编制等工作，相关工作可根据各项目合同的具体要求，以及各公司针对项目管理文件的规定执行。

3.2.1　组建项目执行团队并组织分组合同研读

承包商项目执行团队通常会随项目开发进程逐步组建，并在配合项目前期开发工作过程中初步合作与磨合。承包商各职能部门也会在项目开发阶段不同程度的介入到项目工作中，提供必要的支持。为充分明确项目执行团队内部各专业团队以及各职能部门的工作分工，同时让项目执行团队全体人员清晰了解项目团队组织架构，在项目正式进入执行期前，项目执行团队应根据其公司对于国际工程项目团队组织机构的相关规定，规划并编制完整的项目执行团队组织机构图，其中应包括为项目执行提供支持的公司各职能部门相关人员。需要明确各层级和各部门的合同管理责任，设立合同管理岗位，并根据不同的岗位要求制订岗位职责，建立合同管理的“岗位责任制”。

合同是项目执行的根本文件，在项目执行工作开始前，项目执行团队的各专业团队应做好合同文件的梳理、研读，在项目履约过程中有效保证执行团队成员按照合同约定履行各项合同义务，避免由于未充分理解合同要求而引起雇主索赔，乃至暂停、终止合同的情况发生。

同时，项目执行团队充分了解合同后，也可对雇主的违约或不履约行为予以及时响应并保留证据，为未来可能的工期、费用索赔、合同争议等提前做好准备工作。

合同正式签署后，项目执行团队应立即开展对合同的系统性研读及梳理工作。各专业团队根据职责不同，可重点关注本团队负责的内容，并根据需要负责归纳整理，编写相应的合同交底文件。

3.2.1.1 项目管理团队

本条所述项目管团队包括合同管理、进度管理、费控、文控等相关岗位人员。合同管理人员应组织项目管理团队人员梳理审核项目合同各条款，主要工作包括：

（1）负责组织编写项目主合同（技术附件除外）交底文件，具体内容请见附录1　合同交底记录；

（2）整理合同中未明确规定或存在歧义的条款，或合同谈判过程中遗留的风险点，并在合同交底文件中予以特别备注，说明相关情况，如相关背景，计划采取的规避措施等，如项目执行团队未参与前期合同谈判，则需合同管理人员与项目开发团队对接，共同整理应对措施；

（3）梳理技术合同中关于交付物管理的要求，如文件审核机制，审核时间等；

（4）梳理技术合同中与项目管理相关的要求及交付物，如项目定期报告（周、月报）等；

（5）梳理并组织协调项目文档管理办法的编写。

3.2.1.2 项目设计团队

设计团队各专业需重点关注项目技术附件（包括但不限于技术规格书、标准规范、雇主要求等文件），并整理相应的技术合同要点。主要关注内容包括但不限于界区、工作范围、设计标准、设计规范、文件要求（格式、内容、编制软件等）、雇主提资责任、文件审核体系及审核期限等。同时，还应高度重视合同中的变更，雇主指示等与设计工作紧密相关的条款。

3.2.1.3　项目采购团队

采购团队需重点梳理合同中采购相关内容，包括项目进度、采购价格、供应商长短名单及品牌、运输、价格条款、清报关、包装唛头、合同变更、雇主指示等。随着设计的进展，还应编制并逐步完善项目采购清单，便于开展后期采购工作。

3.2.1.4　现场施工管理团队

现场施工团队应重点关注与现场管理有关的条款，包括但不限于合同变更、雇主指示、入场条件，现场责任划分，现场水电气设施及费用、现场安保、安全、环保、医疗、消防等要求，以及签证、工作证、居住证办理过程中的责任划分等。

3.2.1.5　各相关职能部门

合同签署后，正式签署的合同文本原件、复印件或扫描件（除需要保密的条款外）应尽快分发至承包商各相关职能部门，以便其研究相关合同条款，为后续合同执行工作做好准备。

3.2.2　项目执行团队内部沟通

各专业团队完成合同梳理及交底文件编制后，项目执行团队可组织召开团队内部合同执行交底及沟通会。建议交底沟通会议由项目经理主持，项目执行团队各专业团队负责人、公司各相关职能部门主管人员参会，其余与会人员根据实际情况酌定。会议主要对各专业团队在执行过程中都应重点关注的内容，以及需要各团队协作完成的工作进行宣贯、说明和讨论，并商定相关问题的沟通、协调和处理原则。会议应包括以下两条内容。

3.2.2.1　介绍合同主要内容

项目管理团队应首先根据其编制的合同交底文件，向项目各专业团队介绍合同主要条款、项目执行基本信息、关键工作流程、执行过程中需注意的主要风险点等。

3.2.2.2　各专业团队内部沟通合同关键内容

各专业团队针对项目执行过程中需重点关注的合同内容，以及后续工作中需注意的问题进行充分沟通，如：

（1）现场进入权，包括三通一平等入场条件；

（2）项目许可、执照或批准；

（3）雇主及承包商责任，包括现场安保消防医疗设施、雇主签证工作证相关工作（如有）等；

（4）合同工作范围，包括交付物内容要求，特殊工作软件等；

（5）雇主数据的遗漏和错误及相应的管理办法；

（6）合同的分包及指定分包商，如实报实销分包、雇主指定分包、雇主指定供应商等；

（7）合同担保；

（8）雇主或工程师对承包商文件的审核；

（9）劳务及产品属地化要求；

（10）检查、试验程序，以及试验未通过和拒收的处理；

（11）合同生效及开工条件；

（12）违约损害赔偿，包括误期损害赔偿和性能不达标赔偿等；

（13）支付程序，包括合同执行过程中应注意的财务手续（如报关单据交接、分包商增值税发票交接等）和单证管理要求；

（14）业主指示及合同变更处理；

（15）合同暂停和终止条款；

（16）工程验收及接收；

（17）例外事件；

（18）工程保险；

（19）争端解决。

如有必要，承包商还可在会上进一步核对承包商工作范围、责任义务、界区、相关工作时限等相关信息，明确工作任务，以便雇主提出超出合同工作范围需求或违反合同规定时，可及时向雇主提出合同变更或向雇主提请索赔。同时也避免由于工作疏失遗漏造成雇主索赔或返工延误工期（注：考虑到此项工作内容较多，也可仅讨论关键和大体内容，细节由各团队自行在内部沟通）。

3.2.2.3 确定项目工作中工作流程及分工

合同各项事宜沟通交底后，各专业团队应根据合同中相应工作流程及工作时限的要求，商定后续工作中内部沟通的原则和要求，主要包括：

（1）当雇主违反合同规定或雇主提出超出合同工作范围要求时，提请合同变更和索赔的相关工作流程；

（2）应对雇主索赔的反索赔工作流程；

（3）出现项目进度超标、成本超支等情况的内部分析及纠偏工作流程；

（4）合同变更工作流程；

（5）项目请款流程；

（6）内部文件传阅、审批、发布、存档管理流程。

3.3　项目及合同执行控制

3.3.1　项目控制

项目作为一个整体，要使各方面的资源能够协调一致，承包商应特别注意对于如图3-2所示的“项目三角形”，即时间、范围、成本的控制，并通过对于项目三角的有效控制，实现高质量的项目最终目标。

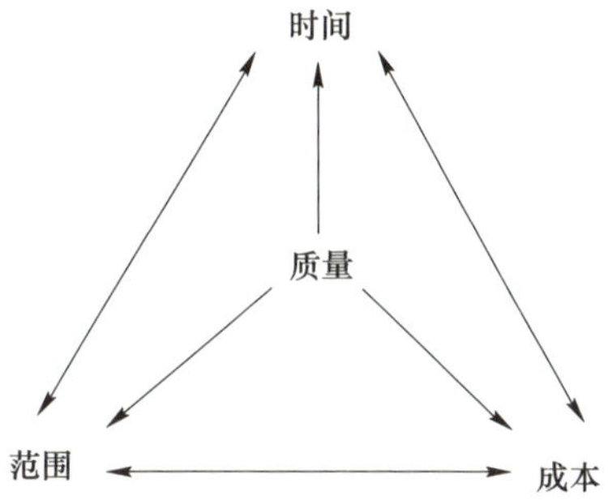

图3-2　项目三角控制示意图

承包商作为执行项目的主体，必须对项目的过程进行跟踪、检查、对比，实施进度、费用、质量控制，进行偏差分析和纠偏，严防项目范围蔓延或项目镀金，避免对项目成本、工期造成影响，确保项目执行质量。对于雇主在合同执行过程中提出的超越合同范围的指示，或雇主违反合同规定以及未履行合同义务的行为，要予以及时评估及反馈，尤其是对项目工期和成本造成影响的部分，应予以尽早控制。

3.3.2　合同执行控制

项目执行的根本文件是项目合同，承包商应以项目合同为基础，对合同履约过程进行全面管理和控制。

项目合同正式签署后，承包商应根据合同具体内容，进行合同管理策划，确定项目执行过程中，合同履约活动跟踪和控制的原则，包括项目执行团队内部工作，职责权限，控制工作流程，形成合同执行控制策划文件。

项目执行过程中，应遵循PDCA的循环管控原则（图3-3），指定专人通过相关手段和方法（如建立项目问题控制台账等方式），予以实时跟踪与控制，直至问题最终解决。

除了制定和执行纠偏计划外，还应高度关注执行情况的检查和相关问题的处理。对于已确定的纠偏工作应实时监管，直至相关情况得到处置，才能确保及时纠偏，保障项目顺利执行。

3.3.3　运用项目周报、月报进行合同控制

一般情况下项目合同都会规定承包商提交项目周报、月报等管理性文件，以供雇主把控项目执行情况，FIDIC 2017 版合同通用条款，对项目月报的内容做了进一步的深化规定，如果项目采用 FIDIC 2017 版合同条件，相较 FIDIC 1999 版

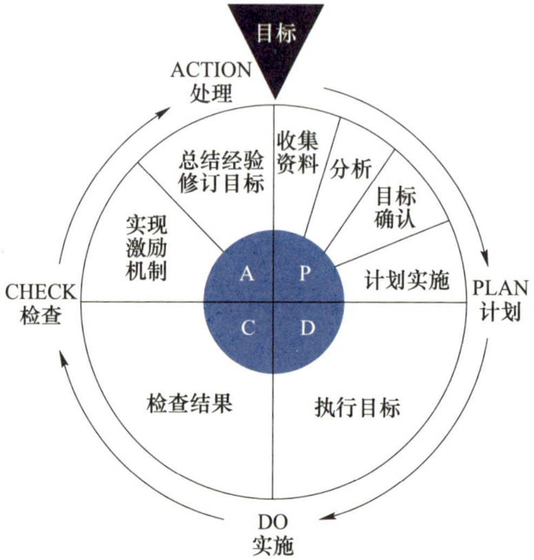

图 3-3 PDCA 循环基本原则

合同格式，月进度报告编制工作量更大，相关内容更为详细，承包商工作量增加，但对于项目执行控制也将更为细致精确。对于承包商而言，编制项目周报、月报等文件是最有效率的项目控制手段之一，也能为合同索赔、变更管理等提供依据。

鉴于此，内容详细的项目周、月报等控制类文件能够反映出项目整体执行情况及关键问题，承包商应对此类文件高度重视并充分利用，而非仅将其作为提交给雇主的日常交付物对待。承包商可以通过此类文件提高项目控制工作的效率，预防项目失控而导致后续的一系列不良后果。

控制文件中列明的进度拖期、费用超标等事项，承包商应进行充分客观的分析，对于雇主原因造成的拖期和费用超标，应及时索赔或申请项目变更。对于承包商自身造成的问题，应及时进行内部分析，寻求相应的解决办法，采取必要措施，解决由此产生的项目执行问题的影响。

3.4 项目收付款管理

3.4.1 收款管理

根据合同规定按时支付项目款项，是项目雇主在合同项下的根本义务。项目现金流是工程执行阶段的血液，及时回收工程款、确保良好、正向的项目现金流，是承包商得以顺利完成项目的重要保障。合同收款工作持续贯穿项目始终，始于开发阶段，止于项目最终结算完成后，项目关闭。工程项目收付款基本流程如图 3-4 所示。

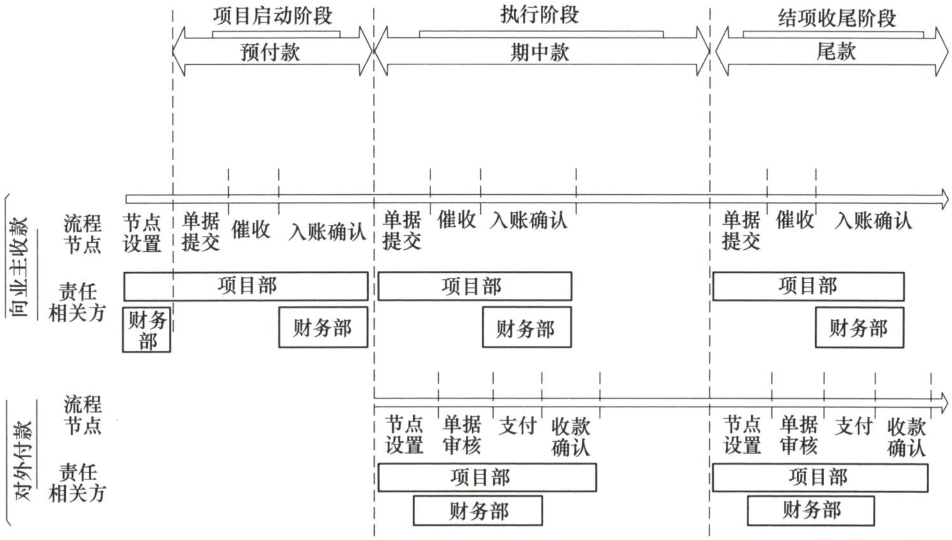

图 3-4　工程项目收付款基本流程示意图

因此，在项目执行过程中，承包商需要实时监控项目收付款情况，确保项目维持正向现金流，避免项目垫资情况的产生。项目执行过程中，可以从以下方面控制项目收付款全过程。

3.4.1.1　合同收付款节点设置

项目开发阶段设置合理的收付款节点是项目保持健康现金流的基础，在对外报价和合同谈判过程中，应根据工程进度情况以及对此后相关分包合同付款节点的预估，设置与合同执行过程及项目风险相适应的付款节点，包括预付款比例设置、期中付款节点设置、尾款及质保金设置等，如图 3-5 所示。

3.4.1.2　通过合理手段确保稳定的雇主资金来源

项目执行过程中，承包商应随时通过适当的手段核实并确保稳定的雇主资金来源，对于有可能发生的雇主资金链问题，乃至资金链断裂的情况应有充分的预判，并预先准备相应的应对方案，以尽量减轻由此带来的损失，保护自身利益。

对于使用中方融资的项目，或使用信誉可靠的银行开立的信用证作为支付手段的项目，资金安全相对较好把握。对于雇主自筹资金，且合同支付方式为 T/T 等相对风险较高的项目，则建议应在必要的情况下，尤其是雇主付款不及时的情况下，要求雇主根据合同相关条款规定，提供项目资金证明。

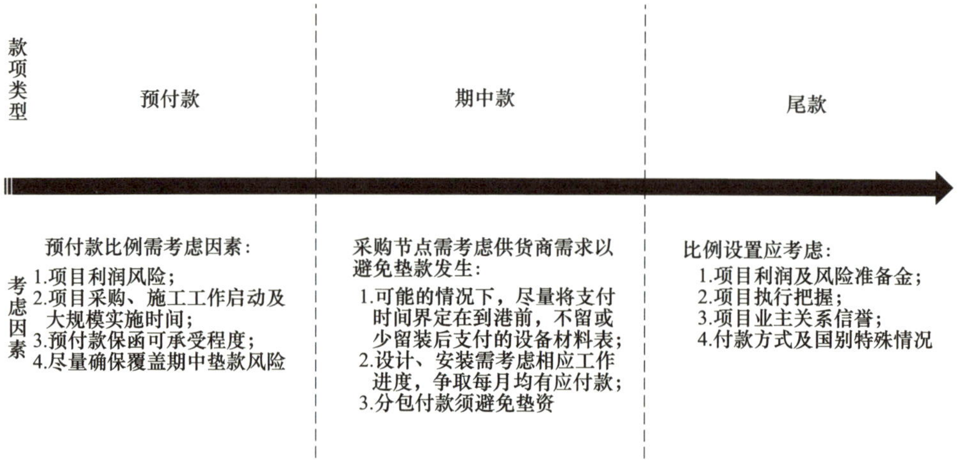

图 3-5　工程项目款项设置建议

3.4.2　单据缮制及收集

3.4.2.1　单据模板制作

工程项目，特别是国际工程项目，涉及商务单据种类繁多，内容复杂。因此，为避免在涉及付款、变更、验收等工作过程中与雇主就单据格式、内容等问题反复纠缠不定导致相关过程拖延，承包商在项目执行初期，应根据合同规定拟定各付款单据、变更文件模板，并尽早与雇主就相关文件模板达成一致（尽量达成书面一致），在项目执行过程中，不再由于文件格式等问题无法达成一致而导致工作迟滞。

合同中约定采用信用证支付的合同款项，承包商应提前准备信用证项下相关单据清单，及相应文件模板。对于第三方文件（如提单、原产地证等），应编制单据要求，提前做好单据缮制准备。

国际工程项目经常涉及的单证如表 3-1 所示。

表 3-1　国际工程项目经常涉及的单证

序号	单证名称					模板及示例
	预付款	采购	设计	施工	尾款	
1	—	—	工时单或工程量单		—	附录 2
2	付款报表或付款申请单					附录 3
3	形式发票或商业发票					附录 4

续表 3-1

序号	单证名称					模板及示例
	预付款	采购	设计	施工	尾款	
4	—	提单	—	—	—	附录 5
5		箱单				附录 6
6		原产地证				附录 7
7		商检证书				附录 8
8		船级证明				附录 9

3.4.2.2　收款单据缮制、收集及审核

项目执行过程中，承包商可根据与雇主先前达成一致的单证模板，缮制相应单据。单据缮制过程中，应至少保证一人编制，一人审核，避免单据错误导致工作延误。

信用证项下单据，制作完毕后，应尽量多人对照信用证文本，进行逐字审核，避免由于单据出现不符点造成损失，乃至银行或雇主拒付。首批单据提交后，双方确认的单据不符点，应及时记录并对单据模板进行相应修改，以备后续批次使用。

如项目采用 FIDIC 合同条件中，所有承包商需以固定时间及频次向雇主提交付款报表，每期的付款报表，尤其是设计和施工报表，应尽量包括雇主可明确核准的应付款金额的支持性文件，如雇主批准的工时单据、工程量测量数据、雇主确认的工程量单等。无法提供支持性文件，仅向雇主提交单张请款报表，极有可能导致雇主或工程师由于无法准确判断请款数据的准确性而拖延应付款项的审批，导致承包商收款滞后。

3.4.2.3　单据提交

所有单据提交时，无论是否随信用证提交，均应要求单据接收人签署含有单据明细清单及交接日期的签收单。对于通过中方议付行或通知行递交的信用证议付单据，承包商应向银行追要递交凭证（单据邮寄凭证复印件等），以便后期追溯。

信用证项下交单，应关注随信用证提交的单据制作、完成时间，特别是需要第三方提供支持的单据，如项目所在国驻华使馆认证的单据（多为商业发票认证），雇主负责办理的商检证明等，避免由于此类单据的开具时间过长，导致单据交单时间超过信用证规定的交单期，造成开证行或议付行拒付。

3.4.3　款项催收及雇主不及时付款的处理

（1）承包商制作每批收款单据时，可预先通过非正式沟通渠道向雇主通告

本次申请款项预计金额，便于雇主提前安排资金；

(2) 通过邮寄、信用证交单等方式提交单据时，可在单据邮寄后，向雇主提供待审核单据扫描件，请雇主尽快开展单据审核工作；

(3) 雇主未按时支付合同款项时，承包商应立即通过合同规定正式途径向雇主通告相关情况，目的是一方面完成雇主违约情况的证据留取工作，另一方面也督促雇主尽快完成付款义务。

此后，承包商可根据本章“3.8.2 承包商要求的合同暂停”所述，灵活运用拖延付款致使工作效率降低等理由，主张延期付款利息等权益，督促雇主尽快付款。必要时，可使用合同暂停等方式降低自身风险。

3.5 银行单证管理

国际工程项目执行过程中，通常会涉及各类银行保函、信用证等银行单证，相关方包括中方银行、雇主国银行、雇主、分包商等。妥善管理各类单证，是推动项目顺利执行的有力保障。

3.5.1 单证内容审核

各类单证，通常以项目使用的某银行提供的单证格式为依据编制，但其中的具体条款内容，由单证开立及受益双方依据合同规定协商决定，部分情况下双方银行也会参与某些特定条款的审核与确认。因此，在各单证开立前，建议尽量要求单证开立方将申请开立的单证草稿提交给单证受益人及其银行进行审核，在双方达成一致后，再行开立，避免单证开立后再进行修改，造成不必要的风险和费用甚至对项目开工时间乃至工期带来的影响。

对于采用信用证支付的合同，建议将雇主支付预付款和开立承包商可接受的信用证作为合同开工日起算的条件，避免合同生效后开立信用证、改证等造成承包商的工期损失。

此外，承包商收到相应单证，尤其是信用证后，应对信用证内容进行逐字审核，尤其是拼写错误，应尽可能要求对方银行改证，否则将影响后续议付单据缮制工作。虽然根据 UCP600 规定，笔误、拼写等细微错误不应作为单据不符点，但某些国际金融不发达的国家，银行仍然会以此为由判定单证不符，扣取不符点罚款，因此信用证本身条款中的拼写笔误如果不能修改，此后单据中也应与信用证保持一致。

实践中信用证、保函等单证，均存在多次修改的可能，为便于操作，合同管理人员应对相关单证建立单证原文及各次变更统计表，并随之同步修正单证内容，确保单证每次变更后都及时更新至最新版，并在审校后，保存供后续使用。

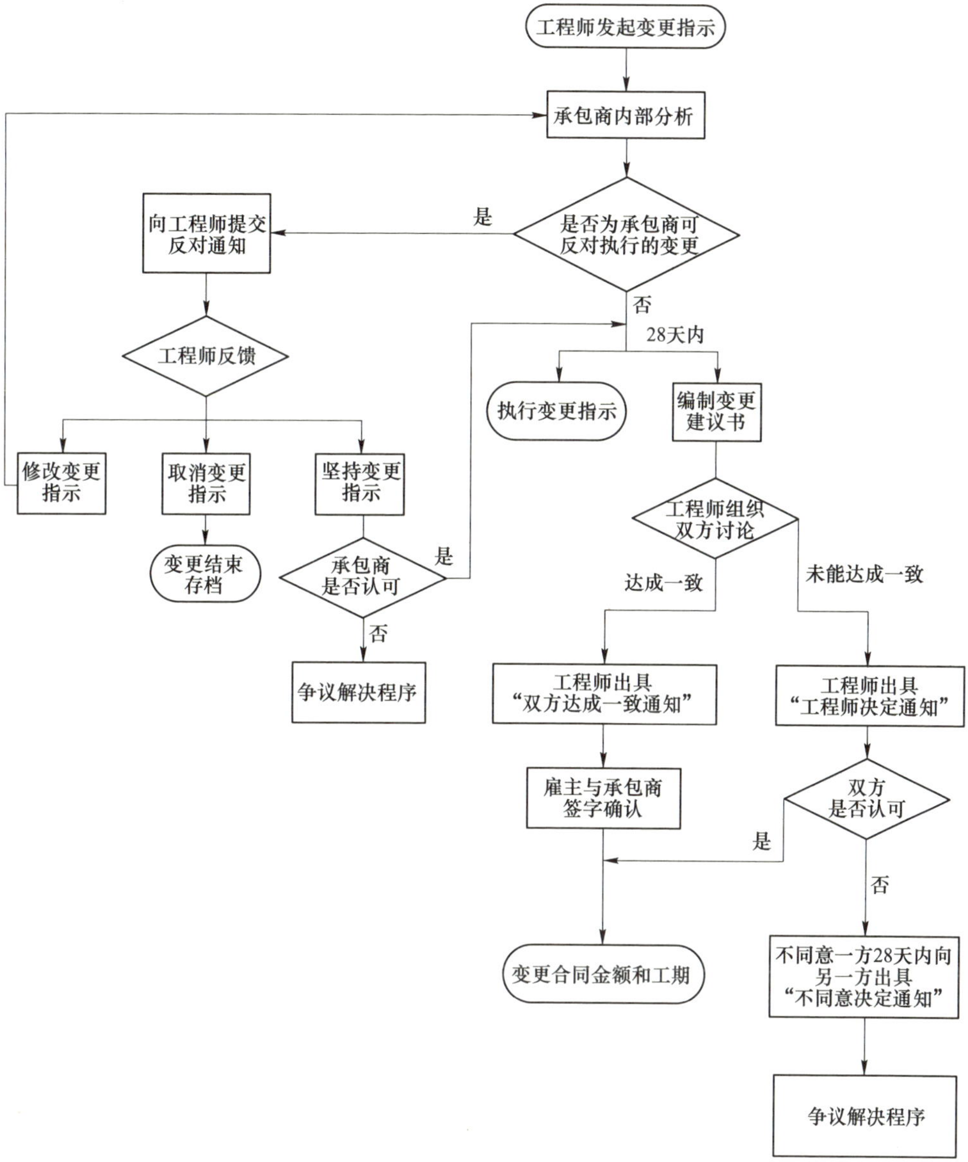

图 3-6　FIDIC 2017 版黄皮书工程师发起变更工作流程示意图

效的要求执行，变更程序执行错误（如未获得合同规定的变更批准文件），或不及时提交变更文件（如变更建议书、对于工程师决定反对通知等），都极有可能导致承包商合同权力丧失而致使变更无效。因此，承包商应高度关注项目变更程序及时效，着重落实以下原则：

（1）变更相关的文件，如变更建议书、不同意工程师决定通知等需在合同规定的期限内制定并提交，切勿由于文件提交时间超出合同规定的期限而导致承包商的变更要求无法得以满足；

(2) 合同变更最终批准，应以合同规定的方式进行，切忌以阶段性进度报告等合同未规定的侧面提醒形式替代正式变更文件，也不应以双方口头确认，或其他合同未规定的方式确认达成一致的合同变更，避免后期产生争议；

(3) 部分合同中对于变更执行的规定可能不同于 FIDIC 合同格式，规定了变更执行的前提时雇主与承包商双方就变更事项达成一致，甚至规定承包商在达成一致前开展变更工作，即默认承包商同意雇主变更指示，从而致使承包商无法获得应有的费用和工期延期等权益。对于此类合同，承包商需务必遵循“先批准，再执行”的原则，避免对承包商造成损失。

B 灵活处理变更申请，确保与雇主的实时沟通

根据 FIDIC 2017 版黄皮书合同要求，合同变更需根据雇主指示采取“一事一变更”的方式，即承包商收到雇主的每一变更指示，或根据合同可提出任何变更建议时，立即针对该事项编报变更建议书文件，并完成合同规定的变更程序。但在实践过程中，承包商也可能会采取一揽子变更的方式，即先执行雇主的变更指示，并在工程的某一阶段（某单项工程完工、工程阶段结束、或整体工程结束），对此前发生的全部变更项，整合统一上报，并附变更建议书文件，申请合同变更相应的费用和工期延期。两种方式各有利弊，“一事一变更”符合合同要求，且事实相对清楚，双方沟通容易，沟通成本小，容易达成一致，但存在设计及施工过程中，变更事件频发，数量众多的变更申请导致承包商工作量激增，且工程进度可能由于持续不断的变更申请不及时审批或产生争议造成中断或受阻，进而对工程整体进度造成影响；“一揽子变更”将某一阶段产生的变更事项打包，统一报送，不会频繁报送变更申请，雇主也不用频繁审批，可以有效降低对工程进度造成影响。但若变更资料不全，准备不充分，会造成索赔事项繁多且相互交织，变更事实复杂，而且变更金额大、时间长，双方反而不容易达成一致。因此，建议应对变更事件采取适宜的变更申请频次及方式：

(1) 金额超过某一范围，或工期影响超过某一时长的变更，或变更事实清晰明确，短时间内可以做出准确价格的变更，应做到一事一申请，保证工程的顺利推进；

(2) 金额、工期影响相对较小的变更，可尝试在某一节点统一汇总报送变更申请的模式（到达项目某节点，如每月、每季度等，或累计变更金额超过某一范围，累计工期影响超过某一范围），但现需要注意，即便采取此种模式，每项变更事项发生时，双方也应就变更事实达成书面一致意见，以避免后续统一报送变更申请时双方就事件是否属于变更产生分歧，导致更多的争议；

(3) 由于此模式可能与原合同中规定的程序不符（如 FIDIC 2017 版黄皮书

合同条款就未规定此模式)，双方需要就此模式达成书面一致，或在合同中予以特别规定，或通过在合同执行过程中签署书面文件确认。

C 复杂变更采取适当的变更策略分步骤达成变更目的

变更通常包括工期和价格两方面，价格往往是双方关注的重点，且超过一定金额后，双方均需要更高层次的许可。工期的影响相对而言更容易确认。因此，在变更谈判过程中，可采取分步走的谈判策略，先就工期影响达成一致后，再以确定的工期影响为基础，进行价格协商。分布商谈，双方可以分布试探底线，逐步让步，双方也更容易接受。

D 适当运用灵活的争议程序

变更双方迟迟无法达成一致时，可适时的引入合同规定的争议解决程序，但处理方式要灵活，力争友好协商，或按合同规定的双方自行解决（或第三方协助双方解决的，如 DAAB）的争议处理办法。如变更对项目整体影响较大，或迟迟无法通过友好协商达成一致，必要时也可以仲裁或诉讼，以尽快解决争议。但务必保证无争议工作正常运转，避免因争议对工程的其他部分造成太大影响。

3.6.2.2 完善的理论依据及支持性文件

承包商提出的变更建议书，应充分描述承包商为执行变更而开展的或将要开展的工作，对于建议书中要求的合同金额变更和工期延期，应具备完整及合理的逻辑论证，应符合合同规定，同时还应有充分的证据性文件予以支持。

如果承包商提出的变更建议书是对工程进行优化的建议，变更建议书的详细程度应能让雇主对是否变更进行评估并做出决定。承包商提出的优化建议应是缩短工期、或降低雇主建设、维护或运行费用、或给雇主带来其他利益等，且该变更建议书的编制不应向雇主收取相关费用。

对于双方无法达成一致的变更要求，一旦引入合同争议解决机制，双方均应做好充分准备，有可能的情况下进行适当的 AB 角多角度演练（即内部分出一方以对反角度考量应对方案)，确保翔实、可闭环、无可辩驳的证据链条和充分的合同依据支持，也能让双方更清晰的了解事实脉络，理顺是非得失，以尽快获得双方可接受的争议处理结果。

3.6.2.3 对于雇主变更指示的审核

对于雇主提出的变更指示，承包商在执行前应对变更内容进行审核，雇主的变更指示应至少包括变更所依据的合同条款号、变更原因、以及对于变更工作的具体要求。同时，合同中也会规定承包商可以拒绝执行雇主变更指示的情况，如第 2 章第 2.3.24 节内容所述，FIDIC 2017 版黄皮书中所规定的 5 种情况。一旦承包商判定雇主的变更指示属于可向业主发出拒绝通知的情况，应及时对雇主或工程师进行书面反馈，要求雇主撤回变更指示。

3.6.2.4　变更建议书编制

对于雇主提出的变更指示，承包商应在合同规定的时间内组织编制变更建议书，建议书应至少包括以下内容：

(1) 修改的方案及由此增加的工作量，尽量随附细节说明；

(2) 实施变更工作的进度安排和对竣工时间的影响及建议；

(3) 合同价格调整等。

同时，为证明合同变更建议书的合理性，还可随附如下文件：相关合同条款包括合同中的工程量清单、雇主要求、招投标文件（如有必要）、雇主变更指示、双方往来函件、会议纪要、施工现场纪录、工程进度计划、工程财务记录、市场信息、先例与国际惯例等。

具体而言，变更建议书应包括下述部分。

A　总述

变更事件基本信息、为减轻影响承包商实施的相关工作，最终落实的是由于变更事件而造成的额外费用总额及工期延期时间总额。

B　变更合理性论证

(1) 变更报价书中对于变更合理性的论证应包括：变更依据的合同条款规定、法律条文或其他文件；

(2) 变更的证据性文件；

(3) 变更合理性的论证。

C　合同工期变更计算

应对计划工期、实际工期、理论工期等进行详细的论述和比较分析。工期延期的计算，不能仅考虑当前事件本身造成的工期延误，将事件延期时间叠加至项目总工期，还需明确当期事件及叠加影响是否处于项目工期关键路径，或对关键路径造成了工期影响。非关键路径的延期、且对关键路径不产生影响的变更，如无其他后续事件受其影响，一般不建议索取工期上可以索赔的费用。但当前事件如导致其后续事件产生进一步延误，需要对项目关键路径重新分析避免导致进一步影响。

D　合同金额变更计算

合同变更建议书中关于合同金额的调整，通常会规定相应的计算原则，承包商应根据合同规定的计算原则编制合同金额变更报价，FIDIC 2017 版黄皮书中规定的合同金额变更原则如下：

(1) 如果合同中没有价格及费率表，则变更金额应为成本加利润（如未特殊规定，利润率为 5%）；

(2) 如果合同中已有价格及费率表，则对于价格及费率表中已有的变更项，或价格及费率表中有类似工作的变更项，应使用价格及费率表中的价格；

（3）对于价格及费率表中没有的变更项，应新增相应的价格及费率，如果有该变更项在价格及费率表中有相关工作项，则新的费率应为相关工作的费率参考所有相关因素进行调整后得出的数值；如果新增项在价格及费率表中没有相关工作项，则其价格及费率应为成本加利润。

需要注意的是，根据FIDIC 2017版黄皮书，双方达成一致删减的合同工作范围，如果其价值构成合同总价的一部分，则承包商有权要求雇主支付相应的利润损失及由此产生相关损失。如项目合同中有类似条款，删减工作范围的赔偿也应考虑在变更金额报价之中。

3.6.2.5　变更结果跟踪及内部沟通

应对已提出的变更要求进行密切跟踪，在相关文件发出后，与雇主或工程师进行及时沟通，争取达成一致意见，并形成正式的合同变更性文件。对于雇主或工程师迟迟不予以反馈的情况，应通过正式沟通途径予以跟进，直至获得进一步成果。

对于已达成一致的合同变更，在获取批准后，承包商应及时内部通告，以便项目团队充分了解相关情况后及时安排相应工作。

所有合同变更事件，承包商应按照发生的事件顺序，逐一统计，台账内容包括事件简要情况说明、产生的影响、双方往来文件（时间、方式、编号）、最终处理结果等，以便查询，跟踪，及不定期回顾变更事件的状态，避免遗漏。

3.7　合同索赔

索赔是合同执行过程中的重要工作，合理适时的进行合同索赔，是承包商保障自身利益的重要手段，应高度重视并全员参与。

3.7.1　索赔工作流程梳理及内部工作策划

相较合同变更，承包商在合同索赔工作中有更大的主动性，一般合同中对于承包商提出索赔通知也有更加严格的时效性要求。因此，承包商在合同履约准备阶段，就应该高度重视合同中对于索赔权利、流程、时限等问题的梳理和宣贯，根据合同规定，制定完整的合同索赔流程示意图，并向合同执行团队全体宣贯，为履约过程中的索赔做好准备。

FIDIC 2017版黄皮书中索赔工作的基本流程示意如图3-7所示，承包商可结合各项目合同的规定及情况进行调整并拟定索赔流程示意图。

根据合同规定索赔工作流程，承包商应提前做好合同变更工作策划，至少确定如下内容：

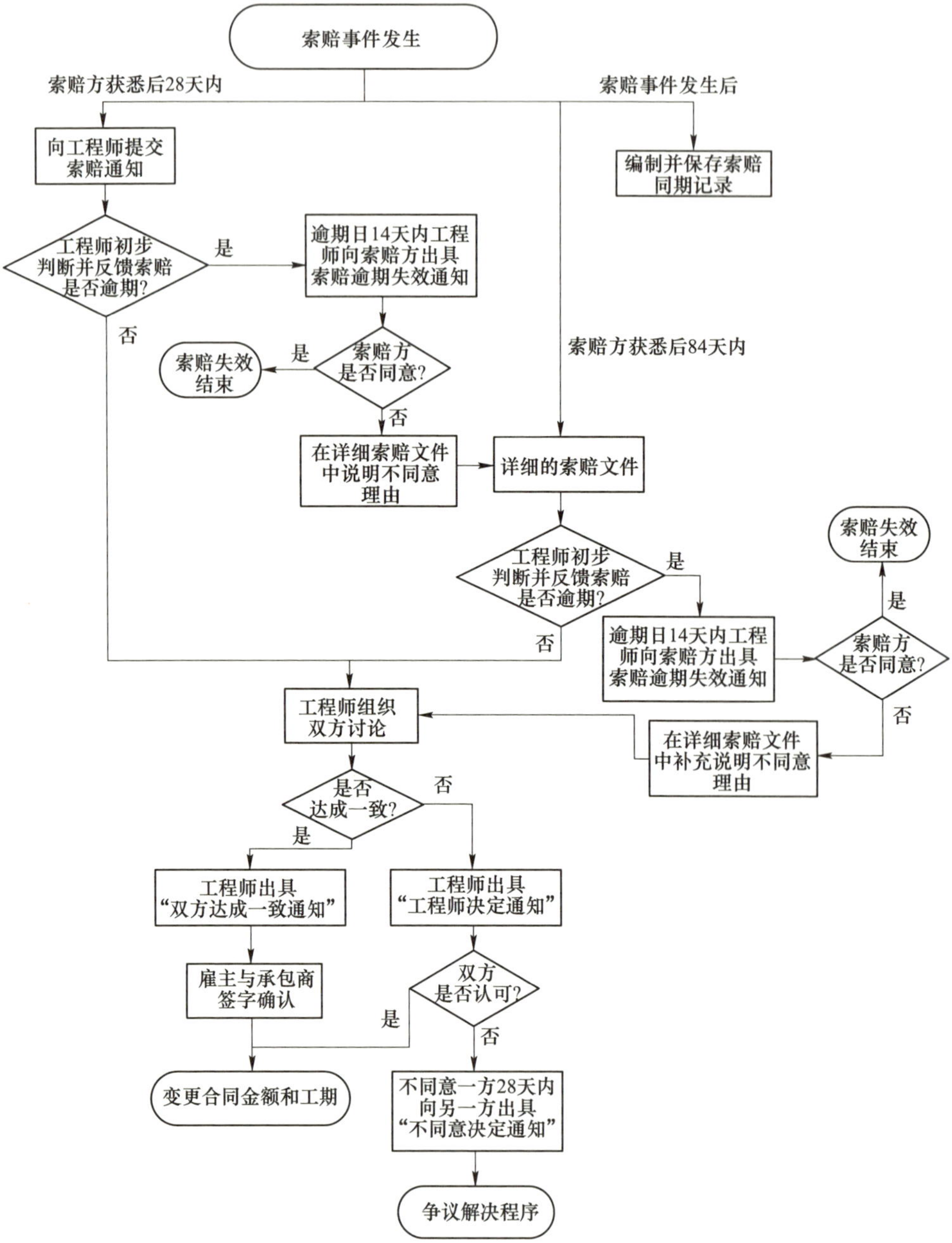

图 3-7　FIDIC 2017 版黄皮书索赔工作流程示意图

（1）索赔事件的团队内部沟通流程；

（2）变更建议书的编制工作分工、工作时限、审批及发布流程；

（3）索赔结果的跟踪及存档责任。

3.7.2 索赔过程管理

合同履约过程中，是否能够成功完成索赔，很大程度上取决于索赔方是否能够严格依照合同规定，提供准时、有效、符合合同规定的索赔文件。因此，承包商应对索赔工作予以高度重视，加强过程管理，避免由于程序不正确导致索赔失败，进而损害自身利益。索赔过程中，应重点关注下述几点。

3.7.2.1 及时做好索赔证据保留工作

FIDIC 2017 版黄皮书中，明确规定索赔方在索赔事件发生后，应立即保存当期索赔记录。工程师有权在工作日随时检查承包商的当期索赔记录，并要求承包商保存更多的当期索赔记录。所有的当期索赔记录都应该作为详细索赔报告的一部分。因此，及时并妥善做好索赔证据和记录的保存工作，是索赔工作的基础，也是成功索赔的关键步骤。

3.7.2.2 务必按时提交合同规定的索赔文件

如此前所述，合同中对索赔工作的发起，通常都有严格的时间和索赔文件内容限制。逾期提交的索赔文件都将被视为无效索赔。因此，承包商一旦获悉索赔事件，应立即组织索赔记录的保存，以及索赔通知和详细索赔文件的编制工作，务必保证在合同规定的时间内提交相应的索赔文件。

3.7.2.3 合理的索赔文件编制

FIDIC 2017 版黄皮书规定，索赔方提交的两份索赔文件，应分别至少包括如下内容。

（1）索赔通知应描述造成费用、损失或延误的事件或情况。

（2）详细索赔文件应包括：

1）对于造成索赔事件或情况的详细描述；

2）索赔的合同和（或）其他法律基础；

3）索赔方所依据的全部当期索赔记录；

4）索赔金额及工期延期的支持性细节。

同时，如果工程师对索赔文件提交的时效性做出逾期或未逾期的“工程师初步回复”，而索赔方或被索赔方对于工程师判断有异议，也可提交相应的不同意通知及证据性文件，在索赔的商讨和决定过程中，此类文件也应被充分考虑。

承包商应根据合同条款的要求，准确的准备合同索赔文件，为避免由于索赔通知及索赔文件疏漏而导致索赔工作受到影响，承包商可在项目执行初期，即梳理索赔文件的内容要求，并向合同执行团队发布，确保索赔事件发生时，合同执行团队可以依据要求，准备合格的索赔文件。

3.7.2.4 持续性影响事件的索赔程序

FIDIC 2017 版黄皮书规定，如遇产生持续影响的索赔事件，承包商应在事件初次发生时，根据本章 3.7.2.3 小节所述的要求，准备索赔通知和详细索赔文件，其中详细索赔文件将被视为索赔过程性文件。

在收到第一份详细索赔文件后，工程师应在合同规定的时间内出具正式通知，对详细索赔文件中提出的本次索赔合同及法律依据进行回复。

此后，承包商应每月提供一份详细索赔文件，描述当月受索赔时间影响，产生的新增合同金额，以及工期延期。在索赔事件结束后 28 天内，承包商应总结本次索赔事件全部影响，提交一份最终的详细索赔文件，描述本次索赔事件产生的全部新增合同金额，以及工期延期。

如项目合同中对于持续性影响事件的索赔程序有其他规定，承包商应按照具体合同规定执行。如项目合同中没有对此类事件做出特别规定，承包商可向雇主建议本条中所述处理模式，并由双方正式书面确认，成为合同文件的一部分。

3.7.2.5　要求工程师及时做出决定

需要特别注意的是，根据 FIDIC 2017 版黄皮书规定，对合同索赔，如果工程师未能按照合同规定的时间出具双方同意通知或工程师决定，则视为工程师做出了拒绝索赔的决定。

因此，承包商在发出索赔通知后，务必紧密跟踪索赔工作进展，要求工程师按时组织双方协商索赔要求，或在合同规定的时限内做出决定。如工程师坚持不出具相应的通知，且承包商不接受工程师拒绝索赔，应在时限到期后，立即向雇主出具决定结果不满意通知，使索赔进入 DAAB 商议，或进一步的争议解决阶段。

3.7.2.6　索赔结果的时跟踪及内部沟通

应对已提出的索赔通知进行密切跟踪，与雇主或工程师进行及时沟通，争取达成一致意见，并形成正式的合同变更性文件。对于雇主或工程师迟迟不予以反馈的情况，应通过正式沟通途径予以跟进，直至获得进一步成果。

对于已达成一致的索赔，在获取批准后，承包商应及时内部通告，以便项目团队充分了解相关情况后及时安排相应工作。

所有合同索赔事件，承包商应按照发生的事件顺序，逐一统计，台账内容包括事件简要情况说明、产生的影响、双方往来文件（时间、方式、编号）、最终处理结果等，以便查询，跟踪，及不定期回顾变更事件的状态，避免遗漏。

3.7.3　雇主不合理索赔的应对

完整的索赔管理应该包括索赔和对于雇主不合理索赔要求的应对两个方面，二者密不可分，相互影响，相互作用。通过索赔可以追索损失，获得合理的经济补偿，而对雇主不合理索赔的正确应对则可以防止损失发生，保证工程项目的经济利益。面对雇主提出的不合理索赔，承包商可以从以下几个方面进行反驳：

（1）雇主索赔事项责任划分不正确；
（2）双方共同负有责任，而要求承包商单方面承担相关损失；
（3）索赔事实依据不足；
（4）索赔合同依据不足；
（5）未遵循合同中约定的索赔程序；
（6）合同相关免责条款已免除的补偿责任；
（7）雇主未能采取适当措施避免或减少损失；
（8）证据不充分或索赔计算存在多算、夸大等情况的。

3.8　合同暂停的应对及具体工作

合同暂停是在合同履约过程中，合同双方基于合同条款赋予的权利，要求暂停合同执行的情况。本条款提及的合同暂停意指由合同双方根据合同主动提出的合同暂停情况，由于合同执行中的各种情况，导致的工作无法按时开展，进而产生的工期拖延以及相应的索赔和合同变更，不在本条描述的范围内，将在合同变更、合同索赔条款中另行描述。

一般情况下，合同暂停的应对及处理以项目执行团队为主，并向其他相关部门报备项目暂停处理方案及工作进展。如遇由合同暂停引起的合同纠纷，需项目执行团队协同各相关部门进行风险评估、应对方案决策、法律事务处理等工作。

3.8.1　雇主要求的合同暂停

一般情况下，雇主要求合同暂停可分为以下两种情况：

（1）雇主由于自身原因直接指示暂时停工（即非承包商原因暂停）；

（2）雇主认为承包商履约不力，或提出承包商的进一步工作会影响工程本身或后续工作，要求承包商暂停工程某一部分或全部的施工（即承包商原因暂停）。

针对两种不同的情况，承包商需根据合同的不同规定，采取不同的应对方式。

3.8.1.1　非承包商原因暂停

对于雇主提出的，非承包商原因造成的暂停要求，承包商首先应组织对雇主暂停要求进行评估，并在合同规定的时限内，向雇主提出由于暂停造成的工期延期以及合同金额变更建议书。

工期延期时间以雇主提出的暂停时间为基础，分析对其他未暂停工作的影响，停工后人员安排，复工人力资源调配、现场恢复、采购工作恢复、以及后续赶工的可能，综合考虑并上报总工期延期时间；需注意根据实际情况，在对雇主的报价中注明收到雇主复工通知后的复工时间，复工人员安排（如是否可维持原项目人员等）。如有受影响的已到场或已安装设备，需说明暂停工作对于缺陷通知期的影响。

合同金额变更建议至少考虑以下相关因素：

（1）暂停期间现场安保、维护费用（包括施工机具维护、材料设备保管、现场安保、维护人员等）；

（2）受影响工作相关人员安置以及后续复工产生的相关费用；

（3）变更通知前已产生的设备、材料费用（包括已发运设备材料、采购合同中规定在此情况下应付款的设备、材料等）；

（4）各分包合同暂停产生的费用；

（5）为减轻暂停影响，后续采取赶工措施所需费用（如有）；

（6）根据实际情况考虑是否需要计算适当的风险准备金。

在与雇主确定暂停报价，并正式暂停项目工作后，应及时处理如下工作：

（1）及时通告暂停相关分包及设备、材料供应商，暂停分包及采购合同相关工作；

（2）根据与雇主达成一致的计划，做好停工部分相关人员的工作安排；

（3）妥善安排停工部分施工机具、设备；

（4）做好现场受暂停影响部分设备、材料安保、维护工作；

（5）按合同进度计划继续完成其他未受暂停影响工作，确保不受停工影响；

（6）督促雇主按照达成的一致支付相应暂停费用；

（7）收到雇主的复工通知后，应根据与雇主达成的一致，妥善开展各项复工工作；

（8）应及时向公司相关部门报备暂停情况。

如果工作暂停时间超过了合同规定的最大上限，承包商应协调公司各相关部门，共同商议是否根据合同规定要求雇主自工作范围中删除该部分工作，或终止合同。

如确定需删减工作范围或终止合同，则需向雇主正式提出相关要求，并根据合同规定的权力提出相应报价，报价建议考虑以下因素：

（1）根据情况，考虑合同的工作部分删减或合同整体终止相关直接费用，包括但不限于人员遣散安置、已产生的设备、材料费用（包括已发运设备材料、采购合同中规定在此情况下应付款的设备、材料等）、施工机具、人员撤场费用；

（2）各相关分包合同终止费用；

（3）根据合同规定，可向雇主索要的合理利润（如有）。

3.8.1.2　承包商原因暂停

大多数情况下，雇主更可能以承包商未能履行合同义务，或承包商过失为由要求暂停合同，以规避由于其主动暂停合同造成的损失和风险。

在此情况下，承包商应先进行技术层面的分析评估，主要考虑因素建议包括：

（1）雇主提出的问题是否真实存在；

（2）雇主提出的问题是属于影响项目安全或执行的关键问题，还是属于雇主要求的改善性要求；

（3）雇主整改要求是否在合同工作范围内；

（4）是否需要暂停相关工作整改，或可在继续开展相关工作的同时进行。

结合以上分析的情况，承包商应连同公司各相关部门，共同协商探讨雇主要求是否具有合理的合同依据，准备正式应对雇主的暂停要求：

（1）如雇主以承包商原因要求暂停无充分的合同及事实依据，即搜集相应的书面证据性文件，对雇主要求进行正式书面回应，驳回雇主指责，并按照上述第3.8.1.1小节所述提出合同暂停报价，要求雇主回应是否执行暂停指示，此后与雇主持续协商并达成一致，如有必要，应正式转入合同争议解决程序。

需要提醒注意的是，应在对雇主的回复中强调，由于双方协商及争议解决造成的工期延误及相应损失由雇主承担。

（2）如暂停确由承包商执行过程中的问题导致：

1）制定妥善的整改方案，并与雇主达成书面一致，以尽可能减少对项目的影响为基础；

2）按照整改方案，尽快完成相关工作，并实现暂停部分复工；

3）拟定并实施妥善的赶工措施，尽量弥补合同暂停对项目整体工期的影响；

4）研究造成暂停的原因是否也存在雇主的工作过失，尽量从雇主处获取工期的延期和宽限时间；

5）如相关过失由分包或供应商问题造成，根据分包或采购合同规定，向分包或供应商索赔相应损失。

3.8.2　承包商要求的合同暂停

承包商要求合同暂停多源自雇主未根据合同规定，完全履行其合同项下的付款义务，导致承包商以降低工作效率、暂停项目工作的方式降低自身损失和风险，以及督促雇主尽快完成付款。

一般情况下，考虑到项目及承包商在项目中的乙方地位，承包商需谨慎使用合同暂停及终止的权利，但可依托合同暂停条款，采取灵活多样的形式，督促雇主尽快履行其付款义务：

（1）在雇主未按期履行付款义务（包括申款报表审批）时，及时向雇主正式通告其合同违约情况，督促雇主尽快付款，并妥善留存相关函件证据。这是本项工作的基础，需按时完成；

（2）如雇主拖期付款天数满足了合同规定的暂停期限，承包商应第一时间向雇主正式致函，表明合同相关条款，并向雇主声明，如款项仍不能支付，将保留暂停合同相关工作的权力，同时承包商应与雇主及当地相关人员进行紧密沟通，充分了解雇主违约原因；

（3）一旦满足合同暂停条件，承包商应及时向公司各相关部门通告情况，并结合项目实际情况，与公司各部门共同商议应对策略；

（4）如合同中有关于降低工作效率的相关规定，可先行向雇主通告我方将以相关比例降低工作效率，以督促雇主履约，并为后期双方解决争议打下基础。

如经商议，确需采取暂停合同执行措施，承包商应遵循合同约定的程序，正式向雇主发出书面通知，并至少包括以下内容：

（1）说明拟暂停工作的合同依据；

（2）对导致暂停工作或对方未能履行合同义务的事情和性质进行描述；

（3）说明由于上述事件造成的影响以及暂停工作的开始时间及工作暂停的范围；

（4）相关证据性文件。

根据相关证据性文件，做好后续与雇主的沟通工作，并准备进入可能产生的合同争议解决程序。

同时，根据本章“3.8.1.1 非承包商原因暂停”的建议，做好停工相关工作，并保留停工开始及复工的证据性文件，以及相关费用产生的依据性文件，为复工后向雇主索赔项目工期及额外费用做好相关准备工作。

雇主恢复履行其付款义务，项目相关工作复工后，收集并整理所有相关文件，向雇主索赔由于停工造成的工期及额外费用损失，相应工期及费用报价请参见本章“3.8.1.1 非承包商原因暂停”。

3.9 合同终止的应对及具体工作

合同终止是比本章第3.8节所述的合同暂停更为激烈的合同冲突表现形式，由此引起的合同争议与本书3.6节“合同变更”所述类似，现就合同终止过程中需特别注意的部分予以进一步阐述。

3.9.1 对于合同终止要求的应对

一般情况下，项目无法继续执行，雇主提出合同终止，都不是单纯的由于承包商过失导致的，但雇主要求合同终止，往往以承包商无法履行合同约定，存在实质性违约为由，要求承包商承担违约的全部责任，并以此为由，依据合同规定向承包商提出高额的赔偿要求。

针对这一情况，对项目执行及合同终止应对过程中相关工作的建议如下。

3.9.1.1 项目执行过程中的充分留据

对于项目过程中产生的双方分歧，即便未在问题发生当时直接导致合同变更或索赔，也应通过合同规定的正式沟通途径进行交流，且相关团队应系统性整理归档，为后续可能发生的合同纠纷做好证据准备。

3.9.1.2 表明雇主问题及承包商履约意愿

收到雇主的终止通知后，承包商应首先整理此前合同执行过程中收集的证据性文件，包括索赔、变更文件、双方分歧沟通，并针对雇主通知中指出的承包商问题进行充分分析，进行有理有据的反馈，以表达以下内容：

（1）雇主主张中的不实或不符合合同规定之处（如有）；

（2）说明雇主工作对合同执行造成的影响，以表明合同无法继续执行非由承包商单方面原因造成；

（3）表明承包商为尽力履行合同义务而付出的努力，以及继续履约合同的意愿。

3.9.1.3 制定恰当的合同结项谈判策略

如确定合同终止无法挽回，也应优先以双方和平结项为目标，与雇主进行充分友好协商和谈判，寻求双方都可接受的结项和解方案，尽量避免项目进入仲裁或诉讼程序，其间需注意：

（1）充分分析对方需求及利弊权衡，如雇主需承包商配合的结项相关工作，协商无效对于雇主的影响等，寻找合理的和解方案，并制定恰当的谈判策略，在促成和解的同时，维护自身合法权益；

（2）优先解决重大风险问题或不可控风险问题，如分包商合同终止、现场危险源的控制及交接工作等。

3.9.1.4 法律专业人士介入

合同终止相关工作必须获得专业法律人士的支持，应在收到雇主终止通知时，即邀请熟悉合同管辖法律的律师或当地律师共同参与应对工作，制定应对方案，并视情况酌定律师的参与频次。对于情况较为复杂的合同终止分歧，建议律师全程参与。

3.9.1.5 高度关注误期损害赔偿造成的合同终止

部分项目合同中，会规定若项目误期损害赔偿已超过约定的赔偿上限，则雇主有权要求终止合同，合同终止后的处理方式与承包商违约造成的合同终止相同。在此情况下，需高度关注对于误期损害赔偿上限的判定方式。根据 FIDIC 2017 版黄皮书第 8.2 款“完工日期”、第 8.8 款“误期损害赔偿款”以及第 15.2

款“由承包商违约的终止”，可理解为在合同执行过程中，如雇主根据某一阶段承包商工作延误的情况判断，如某期月进度报告中的进度情况判断，此前阶段工作未按期完成，将导致项目拖期，且由此造成的误期损害赔偿超过赔偿上限，则雇主有权向承包商主张合同终止。

在此情况下，承包商实际承担着巨大的合同工期违约导致合同终止的风险，且该风险在合同执行的各阶段随时存在，而非仅在项目完工后统一计算工期赔偿时体现。鉴于此，如果项目合同中存在类似条款，且无法在合同谈判阶段予以规避，则承包商在合同执行过程中应定期监控项目工期情况，一旦发现任何工期拖延的迹象，应及时分析原因并采取相关应对工作，避免雇主以误期损害赔偿超过上限为由，要求终止合同。

3.9.2 合同终止后主合同项下相关工作

双方在合同结项协商过程中，应至少关注如下方面问题，并在双方达成一致后，严格按照结项协议的约定逐项落实完成。

3.9.2.1 合同结算

统计合同关闭结算款项时，至少应考虑下述几方面因素。

（1）雇主尚未支付的工程相关款项，主要包括：

1）已完成设计、施工工作，但雇主尚未支付的相应款项，而此类款项，无论是否有雇主已批准的付款报表，均可纳入统计范围，但注意需提供必要的工时单、工程量报表等支撑性证据文件；

2）已用于本项目的设备、材料，但雇主尚未支付的相应款项。其中包括货物已发运，但雇主尚未支付的各里程碑节点款项，包括合同中可能规定的安装完成后应支付的设备款项；尚未发运，但可证明专用于本项目的设备、材料款项，包括港口待发运货物，已出厂货物，及预付款已支付、且有证据可证明厂家已下料投产的货物。但货物所有权在雇主支付相应款项后应归属雇主，承包商需完成生产及交付义务。对于已签合同但未支付预付款，及已支付预付款但厂家无法证明已下料投产的货物，相应货款较难得到支付，但可通过下述合同关闭相关费用申请获得补偿。

（2）为完成合同关闭所开展相关工作及相应损失的补偿，包括：

1）各分包合同、采购合同关闭产生的相关费用，包括遣散费，合同违约金等；

2）人员遣散、安置、撤场相关费用；

3）施工机具撤场并运回承包商所在地费用，按照 FIDIC 合同规定，承包商也可将施工机具运至其所在的其他项目所在地，相应费用由雇主承担，前提是该费用低于施工机具运回承包商所在国费用；

4）现场施工收尾、移交所采取必要措施产生的相关费用。

（3）尚未全部抵扣的项目预付款，可根据实际情况与雇主协商双方可接受的处理办法，以避免雇主采取扣索承包商预付款保函等极端手段。

（4）上述所有雇主应付款项，如涉及已预先自应付款项中扣押的质保尾款，也应要求雇主一并予以支付。

（5）可根据实际情况，向雇主索赔合理的项目利润。

3.9.2.2 单证关闭

合同相关工作完成后，承包商应要求雇主及时完成合同项下相关单证的关闭，尤其承包商应对项目单证关闭予以高度关注，特别是为本项目开立的各种保函。在符合保函释放条件后，对于电开保函，必须要求雇主通过保函通知行或转开行出具确认保函终止的电报；对于信开保函，必须要求雇主或保函转开行退还保函正本。

对于承包商而言，项目执行过程中，保函被索可能比同等金额的工程款项无法回收损失更大。如发生保函被索扣，承包商除需向银行赔偿相应的保函金额外，一般情况下，承包商的银行授信额度会被大幅下降，对于承包商后续项目的信用证、保函开立都将产生重大影响。同时，保函被索事件在当地，乃至周边市场、同行业市场都将广泛传播，对于承包商的声誉是重大打击，极不利于承包商后续项目开发工作。

鉴于此，如在项目结算过程中，双方在保函有效期前就保函释放问题确实存在事实上的争议，无法达成一致，且承包商确实无法进一步办理保函延期，建议承包商根据实际情况研究是否可与雇主达成一致，以自应付款项中扣押同等金额作为保证金的形式，换取雇主立即释放相关保函。在此情况下，承包商应与雇主达成相应的合同变更性文件，明确扣押金额为保证金，在双方达成一致后，雇主应根据双方同意的方案退还该笔保证金，以避免扣押金额性质不明，而造成后续汇款困难。

对于事实清楚，保函释放条件合理明确，而雇主恶意扣押保函的情况，建议承包商咨询熟悉合同适用法律及工程所在国法律体系的专业人士，以最大限度规避自身风险为原则，寻求恰当的方法处理。

3.9.2.3 现场工作、场地、设备、材料交接

项目结项方案谈判过程中，除非雇主有明确指示，否则承包商仍应妥善管理现场设施、设备、材料及人员，并对相关危险源采取必要的保护措施，对于已开展未完成，但会产生安全隐患的工程，应予以妥善处理，并优先与雇主商议解决办法。

结项方案谈判过程中，应设置合理的结项工作程序，设立交叉完成的工作流程，避免一方完成全部工作后，另一方再履行结项义务的情况。

结项方案签署后，应依据结项方案的规定，有序完成项目现场、场地、设备、材料交接。所有交接事项，如无法通过合同中规定沟通渠道取得交接证据，应要求雇主签署详细的交接清单，以避免后续纠纷。

用于项目施工的相关机具如是通过办理临时进口抵达项目现场的，应要求雇主配合办理设备复出口相应的海关手续，对于直接转为永久进口售予或赠予雇主的施工机具，海关手续按照工程合同及双方协商一致办理。

项目结项协议中应明确规定，双方履行完结项协议中的全部义务后，互相解除对方在工程合同项下的全部责任义务，除可保留合同保密及知识产权相关条款外，其他工程合同条款应全部失效。

3.9.2.4　人员设备撤场（包括工作签证终止、居住证注销等）

完成项目现场交接工作，以及设备、机具撤场的同时，应根据交接工作进度，有序安排现场人员的撤场工作。需注意，所有通过办理工作证、长期居住证入驻项目现场的人员，务必根据当地移民局及警察局规定，办理相关证件的注销手续，以避免对这些人员此后在项目所在国办理同类手续造成影响。如需雇主配合办理相关手续的，应在结项方案及协议中予以明确。

3.9.2.5　合同终止后各分包合同处理

承包商应要求项目各分包商积极配合项目结项的工作，其中主要包括下述工作。

（1）明确项目终止后，应立即正式通知项目所有分包，要求其停止项目后续工作，转而开展项目结项相关工作。

（2）应尽早完成全部分包合同结算方案的确认，并将其纳入承包商的整体项目结算方案中，对于存在法律诉讼风险的分包合同，应与雇主商议尽早解决。合同条款中一般会约定，没有执行完毕的分包合同要在合同终止后根据雇主的要求转让给雇主。雇主通常接手的设计分包合同和供货合同比较多。对于施工部分，则可能会由后续接手的承包商重新选择施工队伍。对于需要转让给雇主的分包合同，尽快与雇主及分包商办理转让手续；对于正在招标中的分包合同，承包商可以与雇主协商是否由雇主继续完成招标工作。但由于招标人变更，且未来的签约人也发生变更，通常雇主会选择重新招标。对于已经定标但尚未签订合同的情形，由于节省了招标采购的时间，只要拟中标人符合雇主要求，雇主可按照其招标采购程序直接与拟定中标人签约。

（3）各分包商在现场的工作人员，应配合承包商执行现场的维护、交接等相关工作，并根据承包商统一安排，进行相应机具、人员离场相关事宜。

（4）对于分包合同的结项款支付及保函释放工作，应尽量在承包商获得雇主相应的付款及保函释放后办理，如特别急迫的情况，也应在分包完成结项责任，并获得雇主认可以后办理。

（5）如有分包合同通过信用证办理支付的，应注意及时向开证行办理信用证关闭手续，由此产生的额外费用，应在结算方案中予以体现。

3.10　现场施工管理

3.10.1　入场前场地核验、设施准备

进入项目场地前，承包商应对现场场地情况进行专门核查，根据合同相关规定，逐项考察雇主负责的相关工作是否符合项目执行及合同要求，如发现未完成工作或需整改工作，应通过合同规定的正式沟通渠道通知雇主，要求其尽快弥补，并明确对于项目工期的影响，准确的工期影响确认后，应尽快发出相应的工期变更申请。

如经过调研，项目工作可与雇主现场相关工作同时进行，且不会对项目执行造成影响，为促进项目推进，也可尽快开展工作，但相应情况应通过正式沟通渠道向雇主说明，并向雇主明确要求相关工作的完工时间，以及无法按时完成的后果。

3.10.2　现场与雇主交接

人员进场后，可根据实际情况考虑是否与雇主签署专门的现场交接手续，但如遇雇主交付现场有拖延的，或由于雇主原因导致需要分区域、分步骤交接现场的，建议与雇主签署带有交接日期的现场交付文件，为后期发生的工期纠纷做好准备。

3.10.3　现场人员签证、工作证、居住证管理

进驻项目现场前，应对现场人员情况进行系统性规划，以便提前办理人员到场所需的签证、工作证、长期居住证等相关证件，并需注意如下事项。

（1）一般情况下，合同会规定项目关键人员，如项目经理、施工经理、进度经理、HSE 经理、质量经理等岗位人员常驻现场，且未经雇主同意不得更换或离开现场，部分合同甚至有相应的罚款规定。如项目合同中有类似规定，相关岗位设置时应予以高度注意，尽量避免将无法实现常驻工作的人员安排在相应岗位。

（2）对于需人员大规模进驻现场的项目，极有可能会触发项目当地关于常驻机构的规定，如遇此情况，对于不了解情况的项目所在国，建议应引入熟悉项目当地情况的会计师事务所或类似机构，提前咨询相关手续并进行筹划，将常驻机构设立、账目税务管理申报、人员证件办理、当地籍员工的聘用及工资保险事务（如有必要）等统一外包，以避免由于对当地法律法规不熟悉造成不可预期

的政府处罚、外籍员工劳务诉讼等问题，影响项目执行。

(3) 如项目施工等大规模现场用人工作通过合同分拆或联合体方式，交由具有当地经验的合作伙伴或分包完成，也可考虑与相关单位协商通过其一并办理相关手续的可能性，减少额外的费用支出。

(4) 如根据合同规定，承包商不负责项目施工等大规模用人工作，现场仅涉及设计代表、采购服务及施工指导等服务性工作，且项目雇主具备足够能力，也可与雇主探讨雇主协助办理人员相关手续的可能性。

(5) 所有常驻机构设立、人员签证、工作证、居住证办理等工作务必提前准确地了解相关情况，包括办理时间，在项目规划中予以充分考虑，避免由于手续不齐全，人员无法入场，或受到当地政府处罚，造成项目停工等不良后果，从而影响项目整体进度。对于合同规定雇主应在此方面给予协助，而雇主无法按时完成的，应及时申请相应项目延期。

(6) 现场人员应统一妥善管理，要求现场人员务必遵守项目所在国法律法规及当地习俗，同时注意人身安全。

3.10.4 现场安全、环保、消防、健康等管理

关于现场安全、环保、消防、健康管理，建议应注意以下问题。

(1) 部分合同中会规定，项目执行过程应严格符合项目雇主公司的政策及规定。如合同中有此规定，即表明雇主自身具备完善的项目管理体系，尤其对于项目现场安全、环保、消防、健康、操作流程等应该都有全套的管理要求，而通常情况下，其中一定有部分规定与承包商日常或此前项目操作有所差异。因此，现场工作除了遵守承包商内部管理相关规定、项目所在国法律法规外，还应认真研读雇主公司的政策及规定，并遵照执行，以避免雇主以此为由指责承包商未能良好履行合同义务。

(2) 关于消防、医疗等设施的设立，通常需要与当地相关机构，如消防局、医院进行合作。部分国家会对项目现场有消防车、医疗站或救护车、急救人员的硬性规定。如遇此情况，一方面要充分考虑相关费用，另一方面在执行过程中应尽可能提前联系并落实，避免由于设施设立不及时，而导致当地政府罚款、要求停工等不良影响。对于合同规定应由雇主安排的此类工作，如遇雇主未能按期安排，应及时通过正式沟通渠道予以提醒。

(3) 部分法律法规严格的国家，对于相关安全设施的要求，不受项目现场规模的影响，有可能对于项目初期的现场勘探、准备等工作，都有与大规模施工同类的要求，仅在防护规模上的要求上存在差异。因此一旦开展现场工作，应详细了解项目所在国相关要求。

(4) 对于项目现场的安全保护应予以高度重视，对于治安情况不良的项目

所在国，应考虑向当地政府寻求官方安保协助，或聘用当地专业的安保公司对项目现场及人员进行保护。

3.10.5　现场设备材料仓储、施工机具管理

现场设备材料仓储及施工机具管理应注意如下问题。

（1）项目仓储应尽量建立系统的入库、出库登记台账，避免对于设备、材料，特别是备品备件的无序管理；

（2）一般情况下，合同都会对进入现场的施工机具有明确的“专用于本项目现场”的规定，如 FIDIC 2017 版黄皮书第 4.17 款“承包商设备”规定相关施工机具一旦进入项目现场，如无双方同意，在项目结束前不得离开。因此，如项目合同有类似规定，对于仅在项目现场临时使用的特种施工机具（如大型起重设备等），需提前做好使用计划，并与雇主就相关入场及离场事宜达成一致，避免后续工作实施过程中，或实施完成设备需离场时造成纠纷。

3.11　检验/试验/整改

雇主有权对工程进行检验和试验，如 FIDIC 合同中所述，雇主有权在任何合理的时间去到项目场地或自然材料的获取场地，对项目生产、建造的全过程进行检验。因此，如不处理好项目检验相关工作，极有可能造成相关工作的多次返工，进而影响工期。

3.11.1　合同规定的检验

工程项目合同项下的检验主要包括：

（1）设备或材料生产过程的驻厂检验；

（2）设备或材料发运前的出厂检验；

（3）发货港监装；

（4）项目所在地施工现场的各项检验。

对于合同执行过程中的检验工作，应注意如下几方面问题：

（1）驻厂检验需要设备或材料生产厂家的全力支持，因此如果对厂家没有足够的控制力，尽量避免进行雇主驻厂检验；

（2）设备材料发运包装前，应提前通知雇主打包时间，要求雇主反馈是否进行出厂检验，如雇主回复不参加检验或未及时回复，货物发运后应第一时间通告雇主发运情况，通过集装箱发运的货物应在装箱前通告雇主装箱时间及地点；

（3）对于散杂货船运输，每批货物船期明确后，应第一时间通知雇主装船时间，征询雇主是否进行港口监装，如雇主要求派人进行港口监装，应协助雇主

办理出入港口相关手续；

(4) 对于现场施工工作，所有的隐蔽工程施工前，均应提前通知雇主，征询雇主对于隐蔽工程施工的检验意愿，避免由于施工完成后雇主要求检验隐蔽工程而造成不必要的返工。

3.11.2 合同规定的试验

对于合同规定的执行过程相关试验，如有合同明确规定需要雇主参与，应在试验前通知雇主准确的试验时间，并征询雇主的参与意愿。如遇合同无明确规定，或如 FIDIC 2017 版黄皮书第 7.4 款“由承包商试验”的类似规定，且雇主未及时按照合同规定提交参加试验意向的，可视为雇主放弃。

在此情况下，对于已执行的相关试验，应要求厂家或试验执行方出具试验报告，并在第一时间提交雇主。

3.11.3 检验不合格处理及整改

设备、材料在检验过程中如有不合格项，可尝试与雇主进行沟通，对于不影响性能及后续相关工作，且方便在项目现场修复的小瑕疵，可由双方签署整改文件，待货物运抵现场后再行整改修复，避免对货物发运，乃至整个项目工期造成影响。

此外，如遇雇主聘用第三方机构进行检验，当发生由于雇主及其检验机构之间纠纷影响项目进程时，应注意及时向雇主通知，并要求相应的工期补偿。

3.12 项目竣工

项目竣工试验及移交是工程项目最关键的节点，因此全过程都应予以高度关注。

3.12.1 竣工试验

3.12.1.1 场地及辅助设施准备

一般情况下，对于 EPC 交钥匙工程，竣工试验应由承包商独立完成，相应水、电、气、燃料、原料均应由承包商自行承担。但如合同中明确规定由雇主提供的相应辅助设施，则应提前向雇主告知预计的竣工试验时间，要求雇主如期提供，并明示对所需雇主提供设施的各项要求，以避免后续试验过程中，双方就此产生纠纷，影响竣工试验进行。

3.12.1.2 调试及竣工试验

除非合同中有其他规定，否则调试及竣工试验应由承包商完成，雇主不应在试验过程中干扰试验进行。

需注意的是，一般情况下，合同中都会对竣工试验计划等文件的提交时间有明确的规定。因此，应对竣工试验文件的编制予以高度重视，按时提供并就文件内容与雇主达成一致，以避免对竣工试验造成影响。

3.12.2 随调试进行的培训

如合同规定的培训内容包括在设备调试过程中，对雇主人员进行的车间培训，应提前将培训材料提交雇主。培训材料中应至少包括培训内容、人员要求及安全注意事项，并通知雇主做好相应的培训安排。培训开始前应要求雇主参训人员做好签到工作，且在培训完成后，通过正式沟通渠道向雇主告知该部分培训已完成，全套培训文件均应妥善保存。

其他不随调试开展，而是专门进行的课堂培训，应按合同规定的程序执行，包括培训准备、训后考核以及培训证书发放等，同样也应做好全套文件存档工作。

3.12.3 试验记录

调试及竣工试验完成后，应做好系统性的试验记录，并要求雇主参与人员对试验记录予以签字确认，为后续项目移交及竣工文件签发做好准备。

3.12.4 试验延误或试验无法进行

一般情况下，合同中均会对雇主参与竣工试验规定明确的时间要求，如发生雇主无法按时参加试验造成竣工试验延误，可向雇主索赔相应工期，以及由此产生的额外费用。如在合同约定的期限内雇主仍无法参与竣工试验，则承包商可根据合同自行完成并做好试验记录，及时提交雇主，要求雇主据此签发项目竣工文件，完成项目移交。

然而，如果发生由于雇主无法按照合同规定提供相应辅助设备，或所在国当地政府叫停项目竣工试验等非承包商可控原因，导致承包商无法自行完成竣工试验，而合同中又无明确规定的情况下，建议承包商应及时致函雇主，要求雇主予以迅速补救，并明确补救时间。若补救期限内问题仍无法解决，应致函雇主，表明竣工试验由于非承包商原因无法进行，应视为已完成相关试验，督促雇主尽快完成竣工文件签发以及项目移交，否则极易造成项目迟迟无法移交，整体缺陷责任期与设备及材料缺陷责任期严重不匹配，而对承包商造成巨大风险的情况。

3.12.5 竣工文件签发及后续工作

竣工试验完成或应视为已完成后，应督促雇主及时完成项目部分或整体移交，并签署移交证书（Taking Over Certificate/Preliminary/Provisional Acceptance Certificate）。同时，还应督促雇主根据合同文件规定，完成保函释放、履约保证金支付等相关工作。

竣工试验成功通过后，应有序安排施工人员、机具撤场，相关注意事项请参见本章“3.9.2.3 现场工作、场地、设备、材料交接”、“3.9.2.4 人员设备撤场”的条款描述。

需要特别注意的是，合同竣工，一般情况下应以试运行完成或其他与工程本身完工的事件（如整厂联调完成等）作为单一的竣工及移交标准，而不应将账务清算、竣工文件（竣工图、运维手册）编制完成作为移交条件，否则将会造成项目迟迟无法移交，而使承包商承担巨大风险及损失。

移交证书应至少包括合同编号、移交工程内容（如项目整体移交，则应明确移交内容为×××号合同项下全部工程）、是否存在缺陷项及缺陷项清单（如有）、移交时间、相应工程缺陷修复期开始时间，并由双方授权代表签字颁发。

项目竣工试验是项目执行最关键的步骤之一，整个过程中涉及诸多工作环节，应高度重视各环节的文件制作及试验记录确认和留据工作，否则极容易造成试验完成后，雇主及承包商双方因试验结果不明晰而产生纠纷。

项目竣工试验涉及的主要流程及各环节中可能产生的文件情况请见图 3-8。

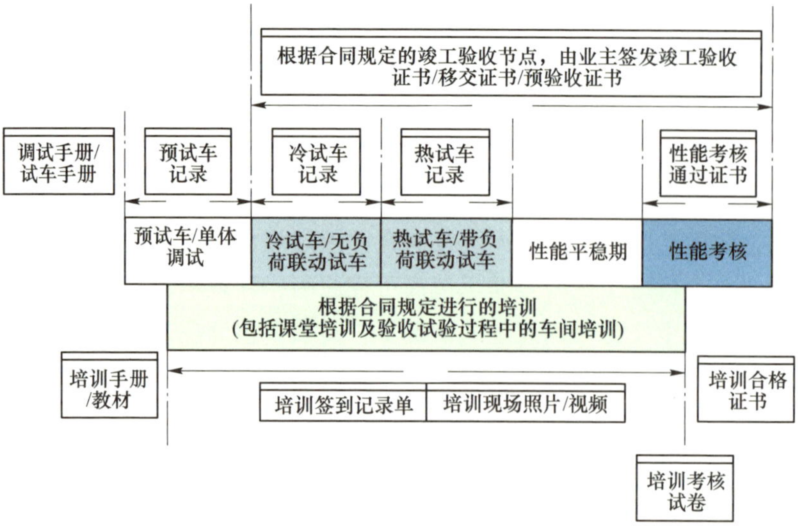

图 3-8　竣工试验各环节及相关文件示意图

3.13　项目分包管理

项目执行过程中，一般会产生大量项目分包，涉及项目调研、设计、采购、物流、运输、项目现场服务等项目执行全环节，如图 3-9 所示。

图 3-9　项目全流程分包工作示意图

因此，良好的项目分包管理，是项目顺利实施并完成的关键，承包商应高度重视，确保各分包工作质量，避免因此导致在主合同项下遭到雇主索赔。为确保项目顺利实施，对于项目分包管理，除应严格执行公司关于采购和分包的各项相关规定外，建议承包商在如下方面予以关注。

（1）对于项目前期的各项调研，建议尽量选择当地机构，或有直接当地资源的国际知名机构执行，以便获得尽可能翔实、准确的一手资料，避免对项目判断产生误导。

（2）设计分包中，涉及当地强制规范的部分，例如消防设计、设计转化等，应尽量选择当地设计机构，或至少有多个当地项目经验的设计机构，以避免由于规范不熟悉，而对整体设计产生影响。

（3）对于施工分包，如雇主未指定当地公司，最好选择有当地施工经验，或在当地已有常设机构的中资公司，以便于沟通交流，以及更好地在当地执行施工工作。

（4）对于现场人力资源管理、常设机构财务管理，如有可能，尽量选择中方在项目所在国的专业服务人员。

（5）分包合同相关条款的拟定，应以项目主合同为基础，主合同中规定承包商应承担的相关义务，均应在分包合同中交由分包商完成。同时，对于主合同中的时间限制，在分包合同中应尽可能予以放宽，给主合同承包商留出相应的操作空间。如主合同中规定承包商提请合同变更的时限为 20 天，则在分包合同中，应尽量规定小于 20 天的期限，以为主合同承包商的相关工作留出足够时间。

其他合同执行过程中，涉及分包管理相关工作，请参见本条上述各项工作中的相关描述。

3.14 项目文件收发存档

项目文档管理是项目执行的重要环节，也是贯穿项目执行始终的全过程工作，包括文档收发、传阅、存档、查阅等诸多环节。完整的项目文档管理规划和严格执行的项目文档管理办法，是项目顺利完成的重要保证。

项目初始阶段，文控管理人员即应根据合同关于项目沟通的规定，并结合各公司、各项目关于文件存档的管理规定及习惯，制定妥善、完整的项目往来文件及文档存档管理办法。并在合同交底环节分发至各部门讨论定稿后，由承包商全体统一执行，管理办法应至少包括下述的内容。

（1）项目正式文件发送管理办法。包括合同规定的正式沟通途径介绍以及承包商内部对外正式文件收发机制，建议如下。

1）尽量规定统一的正式文件对外发送渠道，一方面大部分项目雇主会有此要求，以便于其有效的接收我方正式沟通文件；另一方面，以文控管理人员作为对外发文的唯一渠道，也便于文控人员完整，妥善的进行后续文件存档。如项目未规定唯一的对外发送通道，则务必规定正式文件对外发出后与文控人员的交接手续，并严格执行。

2）需规定明晰，有效的对外发文审批机制，如有需要，项目可配备适当的发文审批单，相应模板在项目初期即应向各部门提供。

3）制定文件编号及编号统计机制、统一文件格式，发各部门执行。

（2）雇主正式来文接收传阅机制。包括指定专门的来文接收人员，正式来文查收及传阅办法，以及其他非正式渠道获取的、但有必要传阅存档文件的处理办法。

（3）文件存档及查阅机制。一般情况下，文控人员仅负责按照发文时间，编号保存外发文件正本，及接收文件副本或电子版。为了便于后续业务操作，建议各业务人员按照各自负责的每项工作，做好分类登记，可不保留文件本身，如需查阅，凭收发编号及日期向文控人员查阅。

制定好妥善的文档管理规划，在后续执行过程中，承包商全体人员应严格执行相关规定，妥善的文档管理和保存，对于项目执行，尤其是项目变更、项目结算以及有可能发生的项目争议具有极其重要的作用，承包商对此项工作应予以高度重视。

随着科学技术的不断发展，工程项目的文档管理系统也在逐步走向信息化、协同化。承包商在项目文档管理工作中，应紧跟时代步伐，发挥数据协同平台、云计算的作用，从而实现项目文档的集中存储、实时共享、统计查询、报表生成。目前应用比较广泛的项目管理协同平台（例如 Aconex）可以管理项目中数量众多的参与者以及海量的图纸、文档、3D（BIM）模型，并实现跨组织的流程和决策。通过这类文档管理系统发送的邮件和表单会被自动记录到日志中，无法被删除，后续合同当事方若发生纠纷或诉讼，文档系统将可以提供强大的数据支撑。

第4章 国际工程承包项目合同关闭阶段的管理

项目完成竣工试验，雇主签发移交证书后，项目进入缺陷责任期，即项目收尾及合同关闭阶段。一般情况下，当前阶段现场已全部交由雇主管理，承包商现场施工人员大多已撤离项目现场，项目工作量相较施工阶段大幅减少，承包商对于项目现场的安保、消防、医疗等相关照管义务解除。然而，收尾阶段相关工作不能妥善处理，极容易造成项目迟迟无法结项，公司对外担保风险无法按期完结，进而造成承包商相关损失。

对于合同关闭阶段相关工作，主要有下述的几方面问题在执行过程中应特别注意。

4.1 竣工后试验

在部分工程项目中，合同会将项目移交的节点设置为冷试车或热试车完成，而将性能测试纳入竣工后试验环节，如某些电站项目，尤其是合同未规定承包商保运的光伏电站项目，性能测试可能需要记录一年的发电数值，用于性能测算。因此，妥善完成竣工后的性能试验，直接与承包商的性能保证金回收以及项目结项等关键过程紧密相关，在试验过程中应注意下述问题。

4.1.1 试验文件编制

应高度重视竣工后试验手册的编制工作，需要特别注意的是，手册中应尽量明确规定对于原材料品位、燃料、催化剂、水电气等辅助设施、操作人员素质以及试验流程的要求，以便为后续有可能发生的试验问题提供准确的判断依据。同时，竣工后试验手册内容应与现有的合同规定以及相关设计文件保持一致，不应存在内容及数据上的冲突。

4.1.2 试验前检查

一般情况下，竣工后试验所需原料、燃料及设施均由雇主提供，相关试验及测量操作也由雇主人员完成，承包商只提供辅助和指导监督。鉴于此，在发出竣工后试验申请后，在雇主准备试验期间，承包商应至少申请一次试验前检查，对雇主拟进行试验的所需准备工作进行核验，确保其符合试验要求；同时，也应对工程设备运营情况进行复核，确保工程在正常稳定的运行状态。

一旦在核验过程中，发现可能影响试验进行的相关问题，如相关问题由雇主工作导致，应立即通过正式途径告知雇主，要求雇主在试验开始前进行修复，如雇主无法在原定试验时间准备好符合试验要求的条件，则按照合同相关规定执行。

4.1.3 试验过程

试验过程中，应对雇主相关人员的操作予以全程监督，如遇雇主的不当操作，应及时制止并纠正，同时记录相应情况，如后续试验结果受雇主不当操作影响导致不成功或不达标，应向雇主提供相关记录文件。

同时，对于雇主的各阶段测量结果，应与雇主一起完成读数及记录工作，以避免由于相关数据记录不准确，而导致雇主指责工程性能考核不合格。

试验完成后，应向雇主索要相关的试验记录文件，并应有雇主相关人员的签字确认，以备后续验收工作使用。

4.1.4 不合格或失败的竣工后试验

如遇竣工后试验失败，或部分试验结果不符合合同规定，应在第一时间记录相关试验数据，并进行原因分析。

如相关问题由于雇主工作造成，应及时向雇主反应，此处应注意的是，相关分析，应有必要及合理的证据性文件支持承包商的观点，例如相应的分析计算，试验过程的记录文件等，否则极可能造成双方迟迟无法就相关情况达成一致，而项目验收迟迟无法完成的不利情况。此外，为维持双方良好关系，在此情况下，承包商也可在力所能及的情况下，对相关问题的整改方案尽可能提供合理的建议和帮助。

如相关问题由于承包商工作原因或双方共同原因造成，应积极准备相应的整改方案，尽快与雇主就整改工作安排达成一致，并开展整改工作，同时对于可能需要进行的重新试验，尽量要求雇主提供一应原料、燃料及设施，对于承包商应承担的重新试验责任，尽可能以支付相应金额等经济形式予以补偿，通常更具备经济性和更有效率。

对于确无法予以修复的不合格部分，应尽量争取根据未达标比例，向雇主补偿相应比例款项的方式解决，如合同中无“阶梯式验收标准”，也应在实际执行过程中避免使用“合格或拒收”的硬性考核标准。

4.1.5 验收文件签发

竣工后试验通过后，应根据合同规定，要求雇主按时签署项目验收文件，并完成相应的保证金释放、保函递减或释放等相关工作。对于由于雇主问题造成的试验无法进行的情况，相关文件应根据合同规定，要求雇主按照试验通过予以及时办理。

竣工后试验验收文件应至少包括合同编号、验收工程内容（如项目整体验收，则应明确验收内容为×××号合同项下全部工程）、验收时间，如验收结果未达标，但双方已就相关问题处理达成一致，应在验收文件中明确描述双方同意的处理办法，确认相应处理工作完成后，即视为项目已正常验收，并由双方授权代表签字颁发。

4.2 缺陷通知期工作

缺陷通知期内的相关工作一般应注意下述问题。

4.2.1 缺陷项清单的建立及更新

项目完成竣工移交后，应尽快根据现存所有问题，与雇主共同整理项目缺陷项清单（punch list），该清单是整个缺陷通知期承包商工作的核心文件，应根据清单内容，组织相关人员及分包商赴现场集中解决相关问题。消缺过程中，应高度注意如下问题：

（1）每完成一项消缺，都应即刻要求雇主人员或工程师书面确认，缺陷项清单及整改部分缺陷通知期延期均应妥善统计并定期更新；

（2）对于缺陷通知期内，由于雇主工作造成的工程问题，不得录入缺陷项清单。但为维护与雇主关系，如不严重影响现场工作及成本，在有条件的情况下，可为雇主解决相关问题提供有效建议及必要协助；

（3）合同规定的缺陷通知期到期后，除进行过修复，缺陷通知期有更新的设备外，缺陷项清单不再进行更新。缺陷项清单外再出现的问题，应由雇主自行负责，承包商可提供必要协助，但不应限制承包商申请项目结项，关闭项目的权利。

4.2.2 缺陷修复工具及备件

负责现场消缺的人员，应根据缺陷项清单的内容以及此前同类项目的消缺经验，提前准备好消缺工作所需的特殊工具以及相应备品备件，以避免由于缺乏工具及配件对消缺工作造成影响，对参与消缺工作的各分包商，也应有同样要求。

对于现场急缺的缺陷修复用备件，如向雇主提供的运营备件中有同样备件，可与雇主协商，先行借用完成缺陷项修复，并在一定时间内将相应备件归还雇主。

4.2.3　缺陷项修复工作

缺陷项消项工作应进行有序安排，并在执行过程中，有雇主或工程师相关人员陪同进行，以便在工作完成后，及时进行消项验收及缺陷项清单的消项签字确认。

对于需要停工、断电、请离现场操作人员等相关工作配合的消项工作，应提前向雇主进行申请，并在开展相关工作前，对各项安全措施进行检查，避免在消项过程中造成任何安全问题。

对于需承包商或分包人员短期赴现场进行消缺的项点，应提前做好相应计划，做好相关准备，以免造成人员赴现场工作时间超期，或无法达成预期效果的情况。

对于承包商已无法完成修补，或承包商修补成本远超雇主自行处理，且不是影响项目运营和性能的缺陷项，可与雇主讨论，通过经济补偿，或向雇主提供部分备件的方式进行消项。

4.3　竣工文件编制

竣工文件的编制也是项目结项的关键环节，无法提供符合合同规定的竣工文件，特别是运维手册等文件，是当前中国工程公司承接的国际项目中普遍存在的问题，也是经常造成后期项目争议的问题。因此，在项目收尾阶段，对于工程竣工文件的编制，也应给予高度重视。

同时，务必注意工程文件的交接，一定要求接收方签署包含详细交接文件、交接时间及签收人的交接清单，并妥善存档。

4.4　现场及相关人员管理模式变化

如上所述，缺陷通知期内，项目现场已全部移交雇主，因此该阶段现场营地及各临时设施，或已移交雇主，或已拆除，对于项目现场人员的安置，需考虑居住地点及办公地点两方面问题。

4.4.1　关于办公地点

最好要求雇主在项目现场办公区域为承包商售后服务人员提供相应的办公区域，并提供相应的餐饮服务，如雇主要求，可考虑承包商自行承担相应的合理费用。如项目缺陷修补项较少，或到缺陷通知期后期，雇主拒绝提供项目现场办公地点，也可考虑相关人员平时在居住地办公，处理相关问题，需要时再前往项目现场或雇主办公室。但大部分国家对于居住地办公有明确的禁令，对于外国公司也会有更严格的审查，因此，需务必注意不要在居住区保留办公痕迹，如会议室、集中摆放的办公家具、集中保存的档案性文件等，但个人居住房间内摆放自用办公桌及办公电脑，少量存档文件应不受此类限制。

4.4.2 现场人员管理

现场人员管理仍应与项目营地管理方式相同，对于处于危险国家和地区的项目，人员应尽量减少单独外出。同时，由于项目结项阶段，现场相关人员需频繁往返居住地、项目现场、雇主办公室、工程师办公室等相关地点，现场需考虑配置适量办公车辆及当地司机，如项目当地条件允许现场人员自行驾车出行，应统一组织相关人员根据所在国要求，办理国际或当地驾照。

由于部分国家对于持商务签人员在当地工作有较为严格的禁制，对于短期持商务签前往项目现场，解决专门缺陷项的人员，应根据情况采取必要的规避措施，尽量避免由此造成移民局对承包商进行处罚。

4.4.3 项目结算及人员机具撤场

项目结项工作及人员机具撤场工作要点请见第 3 章“3.9.2.3 现场工作、场地、设备、材料交接”“3.9.2.4 人员设备撤场”的相关描述。需要注意的问题是，项目结项清算文件中，所有数据，均应有相应的支撑性文件，并在向雇主提供项目最终报表时，一并提交雇主。对于项目缺陷通知期中，通过双方协商达成的承包商新增工作补偿，或承包商应对雇主支付的补偿，均应在达成一致时，保留相应的文字性依据，并在最终报表中予以体现。

4.5 履约证书的签发

项目缺陷修复期到期，且其他满足项目最终结项的合同要求均已达成后，应及时要求雇主签署项目履约证书（Performance Certificate），或部分项目亦称为最终验收证书或整体竣工验收证书，证书内容应至少包括合同号、竣工验收时间，如有条件，可请雇主定制便于对外展示的最终验收证书（如便于悬挂的牌匾等），以用于后续项目开发以及承包商对外宣传。

4.6 合同后评价

承包商拿到项目履约证书，项目正式结束，合同进入后评价阶段。承包商此时应将合同签订和执行过程中的得失、经验教训分专业或分专题进行总结提炼，做出分析报告，汇编成册，形成公司的无形资产，以便在其他项目的合同管理中借鉴。合同后评价的内容可以包括：

（1）合同管理与经济目标是否顺利实现；
（2）对工程有重大影响的条款应如何约定；
（3）合同谈判中出现的问题及后续项目的注意事项；
（4）合同履约过程中发生的重大问题以及解决措施；
（5）合同风险控制利弊得失；
（6）索赔处理和纠纷处理的经验教训。

4.7　合同文件的归档

项目执行过程中，应该以固定期限，一般以年度为单位，对周期内项目产生的文档进行整理，并分类保存。项目结算完成后，全部项目文件应再进行统一整理，并进行最终归档，相应档案的保留期限，应遵循合同对于项目文件及项目后续事宜有效期限的约定，并应根据各承包商对于工程档案保存的规定执行。

第 5 章　国际工程承包项目的财务管理

5.1　项目投标准备阶段的尽职调查

在国际工程承包项目投标准备阶段，应当对项目所在地以及项目雇主进行财务尽职调查。尽职调查应该包含对各项财务风险的调查，其中包括下述风险。

5.1.1　外汇风险

许多国家都有针对外汇的管制规定。通常经济欠发达国家和地区的外汇管制规定更为严格。例如，外币供应实行定量配给，从而限制东道国的企业从外国购买商品和禁止其向外国股东支付股利。若项目所在地有严格的外汇管制规定，可能会导致无法及时收汇或者当地利润无法顺利汇回的情况。

5.1.2　税务风险

不同的国家税务制度及具体征税方式均存在差异，这需要对项目所在国的税收环境做详尽的调查，并基于项目所在国的税收政策，进行初步的税收筹划，规避财税风险，为投标价格的确定提供基础，更为项目执行提供保障。

企业在走出去的过程中不仅要关注东道国的税种、税率和税收优惠情况，更应关注税收风险，包括：重复征税的风险、未充分享受税收协定待遇的风险、因转让定价和反避税问题导致的风险、税收歧视风险等。

同时，东道国的其他政策也会影响整个项目的税收筹划，比如，有一些国家要求承包商必须和当地公司组成联营体，并对联营体的组织结构及最低持股比例有所限制，而项目依托的组织架构是税务筹划的基础。

税务尽职调查应尽可能委托经验丰富的国际税务咨询机构进行。

5.1.3　雇主履约风险

国外雇主的财务和资信状况直接关乎雇主未来的履约能力，若雇主财务状况出现问题或资信状况不良，将产生工程款支付风险以及雇主恶意索赔风险。承包商应尽量获取雇主的财务报表，尤其需要重点关注雇主近 3 年的营业收入、净利润、净资产收益率、资产负债率等指标。还应当调查雇主在东道国相关行业中的声誉和口碑。当雇主为新设的项目公司时，还应关注项目公司主要股东的基本情况，以及这些股东为项目公司的支付提供担保的可能性，以降低雇主公司不履行支付义务的风险。

雇主资信调查可通过银行、保险机构或驻外机构进行。

5.2　项目合同形成阶段的财务管理

5.2.1　保函

某些重大项目可能在招标文件中就会体现出对保函类型、保函文本、保函开具比例的要求，当然也可能在合同谈判阶段才开始对保函进行谈判或者进行再次讨论。

5.2.1.1　开具保函的银行

招标文件中可能对保函开具银行有评级要求，例如要求银行在标准普尔（Standard & Poor's）、惠誉（Fitchratings）等机构的评级在可接受范围以上。一般来说国有银行以及较大型的股份制银行可满足开具保函银行的评级要求。

在保函金额较大的情况下，可提前向保函开具银行争取优惠费率，尽可能节省财务费用。

5.2.1.2　保函是否需要转开

保函转开是将对雇主的“海外”担保变为“国内”担保，对承包商风险较大。转开行是站在雇主立场上的，一旦发生雇主索赔的情况，转开行会立即办理支付手续，事后才会与保函开具银行进行结算，甚至可能会配合雇主恶意索赔保函，同时承包商还要额外承担与直开保函近乎相同的银行保函手续费，因此应尽可能避免保函转开。承包商可以向雇主阐明我国银行在国际上的信誉和认可度，请求其接受我国银行的直开保函。

在无法避免保函转开的情况下，首先要请雇主提供的转开行清单，确认转开行是否与承包商合作银行有密押关系，并向承包商合作银行了解转开行的信誉，尽量选择有国际知名度的银行作为转开行。其次要通过承包商合作银行了解转开行手续费，估算转开成本。

在保函开具金额较大的情况下，可提前请保函开具银行向转开行争取优惠费率，尽可能节省财务费用。

5.2.1.3　保函格式

承包商对外开具保函原则上应采取银行标准模板或公司模板。如果需要采用雇主提供的模板开具保函，应事先对保函模板进行审核。

承包商对外出具的保函原则上不能转让，不能对除合同外的其他方提供担保，不得设立敞口保函。承包商财务部门应严格审核是否有不合理的索赔条款，比如不延期即赔付条款等。对雇主提供的保函模板有异议的，应及时向雇主提出偏离意见。

5.2.1.4　保函的生效及失效时间

保函必须有明确的失效日或到期日（应具体到年月日）。

预付款保函的生效日期应为承包商收到雇主相应的预付款的时点，失效日应为预付款使用完毕的时点。

投标保函、履约保函、质量保函等若没有特殊规定，于开立之日起生效。履约保函的失效日应为承包商将合同项下的义务履行完毕的时点，质量保函的失效日应为缺陷通知期结束的时点。履约保函与质量保函的有效期不应发生重叠。

5.2.1.5　保函的适用法律

对承包商来说，在涉外保函中适用中国法律最有利于保护自身的权益，但在实务中一般不会被受益人所接受。公平起见，建议考虑适用《国际商会见索即付保函统一规则》（URDG，The Uniform Rules for Demand Guarantees）。国际商会对URDG进行了几次修订，现行版本是URDG 758，于2009年通过。URDG 758对保函项下争议的法律适用有明确的约定，承包商可以根据具体情况选择适用。

5.2.1.6　保函金额递减

大型工程承包项目保函的担保金额较大，保函效期较长，因此应向雇主争取在保函条款（尤其是预付款保函）中加入保函金额依据合同履约节点递减的保函减额条款，并将该条款“单据化”，在条款中约定保函减额需要向银行提供的标准单据。加入减额条款，一是伴随合同履约进程，逐步减少担保金额，降低索赔风险；二是释放部分开立保函时占用的银行授信额度或者银行保证金。

5.2.2　结算

5.2.2.1　结算方式

国际工程承包商可以使用的付款方式主要有以下几种。

A　电汇

电汇付款方式优点是方便、快捷、易操作、周期短、效率高；但在国际承包工程中，雇主属于强势的一方，一般不会就商务合同给承包商出具任何方式的付款担保，因此采用电汇付款的方式，存在雇主违反合同约定，不履行支付义务，对承包商造成损失的风险。

B　信用证

信用证优点为承包商（出口商）的收款可以得到保障，但同时信用证也存在明显的缺点，与电汇的方式相比，信用证的操作流程较长，效率偏低。

信用证也存在如下风险：

（1）不符点风险。“不符点”指雇主开出信用证后，受益人提交的单据与信用证开立时约定的议付单据不一致的地方。若单据存在不符点，银行有权拒绝议付。信用证不符点常见的有以下两大类：

1）时间类不符点。包括信用证过期、信用证装运日期过期、受益人交单过期等；

2）单据内容类不符点。

（2）信用证软条款风险。软条款是一种“陷阱条款”，简单地讲就是承包商提交符合信用证要求的单据需要第三方配合，即雇主掌握了整个交易的主动权，导致无法向银行提供相符单据。这种信用证实质上是变相的可撤销的信用证。

（3）银行信用风险。信用证的结算方式以对方银行信用作为付款的保证，因此承包商应对开立信用证的银行有所要求，应选择那些有国际知名度的银行。

5.2.2.2　结算方式的选择

为了更好适应国际贸易的大环境，做到安全收付汇，承包商在业务实践中需要考虑如下因素，灵活选择适应的国际结算方式。

A　影响雇主履约支付的因素

雇主的资信状况、所在国国别风险、与雇主的合作情况、熟悉程度等都构成影响雇主支付履约的因素，对于雇主资信状况较好、东道国国别风险较小、与承包商有过合作、建立了信任度的雇主，可以酌情选择电汇方式支付，其他情况应尽量选择信用证付款方式支付。

B　支付款项的性质

一般来说，设计和施工款项的结算需要以雇主确认量单为前提，如果雇主要求将需要雇主签章后的量单作为信用证提单的话，就构成信用证的软条款。一旦雇主不确认量单，承包商无法向银行交单，信用证的银行付款承诺的优势就无法体现出来，那么此时信用证付款与电汇付款也没有什么实质上的区别了，当然如果避免上述条款的出现，信用证还是更有保障的支付方式。

对于设备采购结算，应采用信用证这种支付方式，同时要注意避免软条款的出现。

C　保险的引入

出口信用保险是为以信用证、非信用证方式从中国出口的货物或服务提供应收账款收汇风险保障服务的。

例如中信保的进出口特险，承保中国境内注册的出口企业在出口合同项下以任何支付方式进行交易、由于债务人未履行或无法履行出口合同项下的付款义务，而使出口企业受到的直接损失（包括应收账款的损失或实际投入成本的损失），信用期限最高可为2年，可以保障承包商的收汇安全，尤其是在以电汇为收款方式的合同项下，引入保险对于防范收汇风险是非常有必要的。

5.2.2.3 计价货币与支付货币

计价货币是合同双方约定的用来计算价格的货币，支付货币是合同双方约定的用来清偿价款的货币。一般来说，在没有约定支付货币的情况下，计价货币就是支付货币，而一旦约定了支付货币，那么支付货币与计价货币的汇率是关系到双方利益的关键因素。

承包商在投标及合同谈判过程中应努力争取以硬货币作为计价货币（比如美元）。从长远看，硬货币具有保值的作用，能够确保出口收汇不会因计价货币贬值而使利润减少，甚至亏损。如果进行了合同拆分，由于东道国在本国境内一般不能使用他国货币，在岸合同的支付货币一般选用东道国当地的货币，而计价货币仍然选择与离岸合同一致的硬货币，并应争取约定计价货币与支付货币之间的汇率为固定汇率，便于控制成本，规避汇率风险。

随着人民币国际化的不断推进，为避免汇率损失，或可直接选择人民币作为计价货币。

5.2.2.4 汇率的确定

我国承包商国际工程承包项目的成本计价币种一般为人民币，在报价时折算成美元，为避免汇率变动造成的损失，报价时选取的折算汇率应在即期汇率与一年内的平均汇率中选择较有利的汇率，同时在报价时阐明报价汇率及汇率调整机制，避免因汇率出现损失。

在合同谈判阶段，应再次向雇主阐明报价的逻辑及采用的报价汇率，并尽可能与雇主约定汇率调价机制。在岸合同支付货币谈判时，即便合同价格为当地币固定价格，也应在合同中约定美元对当地币的折算汇率，并约定当汇率波动超过一定比例时，合同价格应另行协商调整。承包商还可以利用远期结售汇、期权等套期保值产品锁定汇率，降低汇率风险。

5.2.3 国际工程承包项目的税收筹划

5.2.3.1 税务筹划概述

A 税务筹划概念

税务筹划是指在法律规定许可的范围内，通过对经营、投资、理财等活动涉税事项的事先筹划和安排，尽可能取得节税的经济利益。具体到国际工程承包项目，税务筹划是在符合东道国税法及法律的前提下，通过对项目构成、当地政策、双边税收协定等内容的研究，提前安排好项目的投资模式、合同架构、实施方式等内容，达到项目税务最优化状态。

B 税务筹划必要性

由于项目税务筹划需要就工程实施涉及的方方面面进行统筹安排并提前布

置，处理不好将会大大增加项目的建设成本，承包商为了在项目投标中提供具有竞争力的报价并保障项目按预期目标顺利完成，应提前开展税务筹划。

通过税务筹划，一方面可以保障项目在执行阶段，实现在合理合法的框架内尽可能节省税负成本，达到节税收益的目的；另一方面税收筹划也可以让项目执行人员充分了解东道国各项税收政策和法规，保障项目执行过程中税务工作的合规运作，降低税务风险。

C 筹划阶段及主要工作

各国针对国际工程承包项目的税收政策差异较大，应从可行性研究开始，认真了解项目东道国的税法规定，包括了解关联方和其他中国企业在当地项目执行的重大税务问题。

投标或报价阶段应结合当地税法规定，认真分析项目各环节所涉及的税种，匡算各税种的影响金额，确认项目成本中的税负金额，进行准确的报价和投标。同时应了解项目雇主在该项目上可获得的税收优惠，为报价和后期谈判做准备。在不违背投标要求的前提下，可建议适宜本项目的商业模式、签约模式。

项目执行阶段，应从税务角度选择合适的运营模式、执行模式、运营架构和融资方案，同时对于在东道国进行的纳税申报事宜与中国主管税务机关进行沟通，利用境外所得可以抵免的政策减少税负。

针对复杂的大型工程承包项目，建议寻求专业机构的协助。

5.2.3.2 国际工程承包项目涉及的主要税种

A 企业所得税

企业所得税是一个国家对其境内企业和其他取得收入组织的生产经营所得和其他所得征收的一种所得税。不同国家，其企业所得税征税的对象、税率和征税方式都存在差异。

承包商在东道国设立的常设机构会涉及在东道国缴纳企业所得税。在东道国设立的分公司所缴纳的企业所得税，在中国与东道国已签订税收协定的情况下，取得完税凭证（应体现纳税人即分公司名称）后可以在承包商境内当期应纳税所得中抵免。

B 预提所得税

简称预提税，是指预先扣缴的所得税，它不是单一特定的税种，不同国家对预提税的征收范围规定也不相同。通常来讲，预提税指从本国境内获得收入的非居民企业向本国政府缴纳的最终所得税负。一般而言，预提税的征收范围包括但不限于利润（股息，红利）、利息、租金、特许权使用费等。

雇主在向承包商境内账户支付预提税应税款项时，须按照相关合同额代扣代缴相应预提税。通常在中国与东道国已签订税收协定的情况下，承包商取得完税凭证（应体现纳税人即分公司名称）后可以在境内当期应纳税所得中抵免。为保证雇主提供的代扣代缴完税凭证符合中国税务局的要求，应在合同中约定雇主应及时向承包商提供代扣代缴的完税凭证，并且完税凭证中体现的纳税人应为承包商。

C　增值税

增值税（有些国家称销售税）是指各国以商品（含应税劳务）在流转过程中产生的增值额作为计税依据而征收的一种流转税。征收增值税（销售税）一般采用税款抵扣的方式。尽可能取得可以抵扣的进项税发票是减少增值税缴纳的主要方式。但有些国家的进项税无法跨年度留抵，即当年进项税大于销项税的部分，不能转移到下一年再进行抵扣，例如刚果（金），该部分进项税也无法进行退税；也有些国家采用销项税全额缴纳，进项税全额退税的方式，例如赞比亚，这就要求做好收入与成本的匹配。

D　个人所得税

个人所得税是国家对本国公民、居住在本国境内的个人的所得和境外个人来源于本国的所得征收的一种所得税。执行国际工程承包项目，尤其是施工部分的工作，会涉及人员在当地的用工问题，通常当地税务机关都针对不同岗位不同级别的薪资有特定要求，例如刚果（金），经理级别不得低于 1500 美金/月。因此需要格外关注东道国关于个人所得税的政策，避免因个税缴纳引起的税务处罚。

5.2.3.3　税收筹划中合同签订模式的选择

国际工程项目合同形式的确定、合同方的选择、税收协议和合同条款的审定等都会影响项目的整体成本。

结合投标文件对合同主体的要求（总公司、分公司或子公司、联合体等），投标文件对主合同、分包合同的要求（主合同、分包合同是否有联系，例如桥协议），投标文件对于付款条件的要求（是否要求承包方提供完税凭证方能付款），投标文件对于项目融资的要求（是否必须通过中国或者当地银行或金融机构融资等），投标文件对涉税及海关条款的要求（合同价款是否含税价、关税能否减免、设备临时进口是否有关税优惠），选择适宜的商业模式、签约模式、执行模式，做出相应的税务筹划以降低项目税务风险，实现税负优化。

A　常设机构

常设机构是用来确定企业是否和某国有实质性的联系从而使该国能对归属于该常设机构的所得进行征税的概念。各国均对境外非居民企业在本国从事经营活动形成常设机构的条件都有规定，一般来说承包商作为非居民企业在东道国从事经营活动的时间在任意连续的一个年度内超过 183 天，则该承包商可能被视为在东道国构成常设机构，从而导致东道国对该常设机构来源于东道国的收入征收所得税。

为避免因构成常设机构造成对项目整体税务的影响，在税收筹划上就可能要考虑进行合同拆分、在东道国设立当地公司等应对措施。

B 合同的拆分

承包商在境外执行项目时，其项目内容中既包含在东道国构成常设机构的业务，如人员现场服务、施工等，称为“在岸工作”（On-shore Works），又包含不发生在东道国的咨询服务或不构成常设机构的服务及供货等工作，称为“离岸工作”（Off-shore Works）。

在许多国家，若“在岸工作”与“离岸工作”共同作为一个整体与雇主签订国际工程承包合同，会被当地税务机关认为该合同构成常设机构，应就全部合同额在东道国缴纳预提所得税；若区分为在岸和离岸部分，分别由承包商总部和当地设立的分支机构同雇主签订合同，按当地税法要求，可能只需要就形成常设机构的“在岸工作”缴纳相应的税费，“离岸工作”不构成常设机构，不征收高额税费。

合同的拆分可能会为承包商带来很好的节税效应，但这种方式并不适用于所有国家，要根据东道国税法的具体规定确定。

C “在岸工作”合同主体的选择

分公司模式下的合同分拆不会造成承包商在合同项下履约义务的分拆，分公司所缴纳的企业所得税，通过取得当地纳税凭证可以在承包商境内当期应纳税所得中抵免。

子公司签约模式下的合同会造成承包商在合同项下履约义务的分拆，新成立的子公司往往不能得到雇主的信任，雇主一般会要求在离岸合同和在岸合同之上再签署一份效力优先的桥协议或伞协议，将两份合同进行连接和绑定，也可能会提出由承包商向雇主出具项目履约担保，为子公司承担连带责任。而且在东道国注册成立子公司，审批程序烦琐，会耗费大量人力、时间成本，可能会影响项目进度。

一般建议优先选择分公司模式，若东道国对分公司模式下合同拆分的独立性不予以承认，可以考虑在东道国成立子公司。

实践中，很多跨国公司通过在低税率国家或者与项目所在地关系良好的国家成立海外特殊目的公司（SPV，Special Purpose Vehicle），再与雇主签订项目合同，以实现税收筹划的目的。

D 合同税收条款的审定

对于免税或者包税协议要予以充分的审核，并提前做好税收筹划。一般情况下，一些项目会有免税、退税协议，但范围通常仅指在东道国免征所得税及项目雇主免税等，应在合同中与雇主约定具体的免税约定，若因非承包商原因没有获得免税，雇主应承担相应的税费成本。另外，有些承包商会跟雇主签订包税合同，约定承包商在东道国发生的税费由雇主承担，这一类合同的风险在于：

(1) 如果雇主没有为承包商准确纳税，承包商仍然存在补缴和罚款风险；(2) 如果雇主没有以承包商的名义缴税，不能提供完税证明，承包商回到中国后依然不能抵扣；(3) 如果雇主代缴，其一般不会为承包商做税务筹划，税负总额通常较高。

所以在进行合同谈判时，要重视合同中的纳税相关条款，提前了解东道国涉及工程承包的税法规定并对不同模式涉及税额进行估算，选择最优方案保障承包商利益并与雇主一道推动项目税负的最优化。

5.3 国际工程承包项目的融资

随着国际工程承包市场竞争激烈程度的加剧，国际工程承包所提供服务的复杂程度也在日益加深，承包工程的内容不再仅限于提供设计咨询、设备供应、施工安装服务、维护、人员培训等服务，还扩展到提供融资服务的方面。承包商的融资能力及融资方案成为决定项目能否成功中标的重要因素。为避免给承包商带来较大的融资风险，我们在此只考虑出口买方信贷。

5.3.1 出口买方信贷及相关金融机构

出口买方信贷指直接向项目雇主、项目雇主所在国政府或银行提供贷款的融资行为。出口买方信贷的借款人是项目公司或项目雇主公司。

目前，我国已经形成一个由中国出口信用保险公司、政策性银行及商业银行共同支撑的为国际工程承包商提供支持和服务的完整体系，包括：政策性金融机构——中国进出口银行（口行）、国家开发银行（国开行）、中国农业发展银行（农发行）、中国出口信用保险公司（中信保）；商业银行——国有商业银行、全国性股份制商业银行、有国际知名度的外商银行等。

5.3.2 按担保能力对融资项目进行分析

国际融资项目提供的担保条件是金融机构能否为其融资的关键因素，可分为主权类项目、商业类项目、项目融资类项目三类。

5.3.2.1 主权类项目

项目能够获得东道国政府的主权担保，以东道国国家主权作为背书，为该项目增信，这类项目可称为主权类项目。

主权类项目，依据其可以获得主权担保的优质条件，应首先考虑是否能获得国家政策性银行贷款，包括口行的两优贷款（政府优惠贷款和优惠的出口买方信贷）及国开银的无须信用保险的主权类贷款。该类贷款利率较低，且不需要中信保的保险，可以节约融资成本，但其审批周期较长。

5.3.2.2　商业类项目

如果雇主公司拥有良好的资信状况，可以以金融机构认可的资产作抵押或可以提供第三方公司的担保，该类项目被统称为商业类项目。商业类项目在国际工程承包中最为常见。

当项目为商业类项目时，国内的金融机构通常需要该项目获得中信保的保险，以此来覆盖该贷款在审批放款后可能出现的政治风险及商业风险，若无中信保的保险，第三方机构的强有力的担保或许也可以满足金融机构要求。商业贷款融资成本较高，但审批周期较短。

5.3.2.3　项目融资类项目

在国际工程承包中，对那些技术成熟，产成品价格数量稳定，销售稳定，收入稳定，市场风险小，涉及管理的因素少的项目，如供水项目、发电项目、电信项目等，可以以项目自身的未来收益作为还款担保，该类项目被统称为项目融资类项目。

项目融资类项目对于项目本身各项经济指标要求较为严格，一般的项目难以达到，项目自身的盈利能力及还款能力变得尤其重要。其优势在于仅仅依靠项目未来产生的经济效益及现金流为贷款的还款进行保证，不需要其他担保。国内金融可能很难对此类项目提供融资，可以更多考虑在外资金融机构融资。

5.3.3　融资关注

5.3.3.1　利用中信保防范风险

当前我国企业的国际工程承包项目主要集中不发达甚至落后的国家和地区，国别风险相对较大，容易出现战争风险、政治风险、收汇风险等。针对风险较高的市场，应最大限度地利用好出口信用险。同时，除了主权项目外，在中国境内融资，没有中信保的保险，很多银行都不会承接该项业务，所以中信保的保险可能是融资成功的关键。

5.3.3.2　承包商的融资关注

在取得和跟踪项目信息的最初阶段，承包商就应与银行和中信保取得联系，了解国别风险，保险意向，贷款意向和额度限制等问题，提高谈判效率，在申请贷款过程中，应配合银行做好项目评估和贷前审查，协助拟定贷款方案，协调中信保承保，直至融资落实到位。

5.3.3.3　金融机构的融资关注

主权类项目，金融机构主要关注国别风险，包括：政治形势分析、经济状况、经济风险分析（宏观经济指标，经济结构，外债情况等）、货币政策和金融体系、前景展望等。

金融机构对于其他类项目关注的内容包括：借款人和担保人的注册资料或商业登记资料、机构性质、历史和隶属关系、股东和管理者情况、经营状况、财务状况、法律及抵押记录、付款记录等。

5.4 国际承包工程履约阶段的财务管理

5.4.1 收付汇管理

我国是外汇管制国家，在国际工程承包经营活动中，必须依照国家外汇管理制度的规定收付汇，并按时向银行提供相关收付汇资料。这些收付汇资料通常包括合同、商务发票、合同收付款节点中所约定的各项单证的副本，包括保函、提单、报关单等。同时还应关注合同中约定的收付款比例、收付款时间与收付汇金额与实际的一致性，单证与合同的一致性等。

5.4.2 单证管理（保函、信用证、担保书）

5.4.2.1 单证的开具和登记

在雇主开证前信用证草稿应提交承包商进行审核，承包商也可将其交银行代为审核风险点，并反馈相关意见，以避免信用证修改产生的费用。

项目财务经理在交接开立完的保函、信用证以及担保书之后，保留单证复印件并制定单证台账，方便查询。台账的内容一般包含申请人、受益人、开证日期、单据的有效期、有效地、单据币种、金额、开证银行等信息。

5.4.2.2 单证的续期及注销

当开立的保函即将到期时，项目财务经理应与项目执行人员提前沟通，关注项目的进展状况。如保函有续期需求，应及时与保函受益人进行沟通，并请受益人就单证续期事项出具单证延期声明。在单证续期理由合理的情况下，将受益人出具的单证延期声明作为附件，向银行申请单证延期；保函到期后无续期需求的，如保函为信开保函，应请受益人退回保函原件，如保函为电开保函，则过期自动失效。无论是电开保函还是信开保函到期后都须联系银行办理保函额度核销。

当收到的信用证即将到期时，若该信用证尚有未进行议付的余额且后续需要议付的，应提前向信用证的开立人发出信用证延期的书面声明，请其延长信用证的有效期，以保证承包商在该信用证项下的权益。

5.4.2.3 保函的索赔

当承包商对外开出的保函遭到索赔时，承包商应立即启动各项应对措施，包括向保函受益人发出书面声明，搜集各项对承包商有利的证据等。如果承包商能成功地以“受益人独立保函欺诈”为由向司法机关申请保函止付令，那么理论上保函开证行可以不向保函受益人付款，但开证行的国际信用可能会因此受损，尤其是转开性质的保函，虽然国内的付款流程被中止了，但转开行的付款流程并未被中止，转开行要承担付款责任，这会造成开证行及转开行的纠纷，进而影响承包商在银行体系的商业信用。如果是直开的保函，那么要看保函遵从的法律，如果是当地法律，那么可能即便拿到止付令也无法避免付款。一般情况下，不建议优先使用止付令这种方式，而应在履行正常赔付后采取原合同中约定的解决争议的法律途径解决问题。

5.4.3 出口退税

出口退税所需资料包括报关单、出口销售发票、进货发票、结汇水单或收汇通知书及与出口退税有关的其他材料。

特别注意：合同、发票、关单上的货品规格、型号、数量、收货方等信息需要保持一致，如果不一致，则无法退税。单张发票中不得含有免税设备，若有免税设备需要单开。对于未在合同中列示的货品，需要提供补充合同佐证，货品供货时间需要在合同约定时间内。

按照税法规定，一般应于第二年3月前完成上年出口退税工作，为避免无法退税的情况发生，应及时办理出口退税。

5.4.4 外汇风险管理

5.4.4.1 外汇风险形成的原因

承包商在执行境外项目的过程中，不可避免地会在国际范围内收付大量外汇或拥有以外币表示的资产和债权债务，并在贸易合同规定的期限内进行收付并与本币进行折算以便结清债权债务并计算国际贸易的最终利润和成果。显然，在承包商的国际贸易从开始到本外币最后折算这一个周期内，由于浮动汇率制度等因素导致的汇率波动，必将会给企业带来外汇风险。

5.4.4.2 外汇风险应对措施

承包商可以选择合适的金融工具降低外汇风险，使用期权、期权组合、远期结售汇产品将结售汇价格控制在可接受的范围内，以套期保值为原则，对外汇风险进行规避。

5.4.5 税收风险管理

5.4.5.1 与项目所在地辖区税局保持良好沟通

在与雇主签订工程合同后，合同涉及东道国设置机构需要缴税的，应与项目所在地辖区税务局保持良好的沟通，向税务专管员们介绍项目的模式，工作的内容，并和专管员们再次确认项目涉及的税种及纳税时点，将税务尽职调查了解到的各项税收政策落在实处。

5.4.5.2 做好涉税业务管理工作

承包商要根据东道国税法要求按时缴纳项目涉及的各项税费，并按税法规定的时间要求进行纳税申报，做好增值税及企业所得税的税收统筹，例如许多国家的税法中，规定增值税（销售税）实行退税而非留抵制度，即一个税期内，若增值税的进项税大于销项税，即产生进项税余额，那么该进项税不能留到下个税期抵扣，而需要向税务局申请退税，但实操中，退税一般不会被批准，从而导致进项税余额成为企业实际的税负成本，所以关键是做好收入与成本的配比，尽量使每一个税期的销项税均大于进项税，避免项目成本的增加。

5.4.5.3 与财税咨询中介机构开展合作

承包商还可以与项目驻地经验丰富的财税中介机构开展合作。通过项目驻地的财税咨询中介机构熟悉当地相关政策和财务核算体系，进行恰当的会计处理并通过税务咨询的协助完成各项报税工作。当纳税问题遇到疑难杂症时，应及时与财税咨询中介机构做好沟通，拟定合理的解决对策，财税咨询中介机构在处理实际纳税问题时往往有丰富的实践经验，应及时听取财税咨询中介机构针对特定纳税问题给出的建议，具有实施意义的，应妥善规划，解决问题。

5.4.5.4 合理利用相关的税收优惠政策

了解东道国税收优惠政策以及申请税收优惠的可能性，存在税收优惠政策的业务，应及时办理各项认定和备案手续，与相关的税务主管机关保持良好的沟通。

5.4.6 项目财务核算

我国对国际工程承包业务的收入准则采用财政部 2017 年 7 月发布的《企业会计准则第 14 号——收入》，（以下简称“新收入准则”）、新收入准则与《国际财务报告准则第 15 号——与客户之间的合同产生的收入》（IFRS 15）趋同。

新收入准则第十一条规定：满足下列条件之一的，属于在某一时段内履行履约义务；否则，属于在某一时点履行履约义务：

（1）客户在企业履约的同时即取得并消耗企业履约所带来的经济利益。

（2）客户能够控制企业履约过程中在建的商品。

（3）企业履约过程中所产出的商品具有不可替代用途，且该企业在整个合同期间内有权就累计至今已完成的履约部分收取款项。

本书中提及的 DBB、DB、EPC 等工程项目合同模式因为涉及“客户能够控制企业履约过程中在建的商品”这一收入成本确认条件，属于在某一时段履行履约义务，应按照履约进度结转收入，履约进度是按照合同实际发生成本占合同预计总成本的比重计算得来的。

承包商应根据国际工程承包项目的分包实际成本计算应确认的项目成本，同时将合同价格（不含税）乘以相应的履约进度计算确认项目收入。在确认上述收入成本的同时，如果承包商向雇主开具了发票，但却未收到雇主支付的相应的工程款，该部分工程款金额将会形成应收账款；如果承包商按照履约进度计算确认项目收入大于向雇主开具的发票金额，大于部分金额将会形成合同资产（存货）；如果承包商按照履约进度计算确认项目收入小于向雇主开具的发票金额，小于部分金额将形成合同负债（预收账款）。

第 6 章　国际工程承包项目法律风险管理

6.1　国际工程承包项目法律风险管理概述

企业法律风险是指在企业经营过程中，由于行为人做出的具体法律行为不规范而导致的，与企业所期望达到的目标相违背的法律不利后果发生的可能性。

与国内企业法律风险不同，国际工程法律风险因工程项目的跨国跨境、合同额大、涉域广等特点决定了法律风险具有复杂性和多样性的特征，国际工程承包项目的法律风险包括了政治和法律环境风险、合同法律风险、争议解决风险等。因国际工程承包项目的法律风险，蕴含于工程承包经营活动的全过程，本章主要从法律风险的角度进行阐述与补充。按照工程承揽的发展阶段，大致将国际项目的法律风险分为以下类别：（1）国际工程承包项目合同形成阶段存在的法律风险，包括项目所在地法律尽职调查、法律顾问机构选聘和合同法律评审风险；（2）国际工程承包项目合同履约阶段的法律风险管理；（3）国际工程承包项目合同关闭阶段的法律风险管理。

6.2　国际工程承包项目合同形成阶段的法律风险管理

6.2.1　法律尽职调查

我国的工程承包商在践行“走出去”时，为防范法律风险，应首先做好项目所在国的法律尽职调查。法律尽职调查是指承包商对项目所在国所有与承包商开展项目的相关法律、规章等具有强制性效力的规范性文件进行的收集、整理、分析和评估的行为。

6.2.1.1　法律尽职调查的意义

国际工程承包项目的显著风险不仅仅在于项目执行的层面，还在于项目所在国的自然、社会、政治、经济、法律、文化、宗教等内部因素及外部国际环境的综合因素的影响。此外，世界各国也都制定了为维护本国自然资源及市场发展的外商准入的限制性法律法规，涉及经营的主体资格、本地化成分、货币使用、货物进出口限制等内容。

法律尽职调查为承包商提供了项目所在国法律风险评估和合法经营的决策依

据，是防范法律风险的重要途径。

因此，承包商在决定承揽国际项目前，都应当进行法律尽职调查的工作。

6.2.1.2　法律尽职调查的注意事项

众所周知，世界各国的法律情况有着显著的差异，比如英美法系和大陆法系。英美法系尊重双方约定，裁决主要基于判例；大陆法系属于成文法系，强调公平和诚实信用。再比如哈萨克斯坦和乌兹别克斯坦曾都同属苏联，在苏联解体后，因国情及政策的不同，法律制度也发展得不完全相同。各项综合因素直接影响着中国企业在项目所在国的运营。中国承包商在“走出去”的同时，应注意如下几点。

（1）在项目决定投标前的2个月进行法律尽职调查。

（2）调查项目所在国的法律制度是否健全，法律环境是否友好，建立项目所在国贴合项目的法律尽职调查清单。

（3）组织精通工程项目的法律、商务、技术人员进行讨论，为合同形成阶段的合同法律评审和法律风险评估提供参考。

（4）进行国际项目的法律论证工作，把法律尽职调查报告的结果作为国际工程承包项目开展的关键决策依据。

6.2.1.3　法律尽职调查的内容

基于国际工程承包项目的复杂性，法律尽职调查的内容可以参考附录10法律尽职调查问题清单。

6.2.1.4　法律尽职调查的补充

法律环境是一个动态的、变化的环境。国际工程承包项目的法律调查结果会发生一定的变化，因此，对于已经进行过法律尽职调查的项目所在国家，出现重大法律问题或再次承揽新项目时，应对尽职调查报告进行更新，或重新进行法律尽职调查工作。

6.2.2　法律顾问机构选聘

6.2.2.1　国际工程承包项目法律尽职调查的方式

（1）网络搜索、多元媒体或书籍。网络搜索、多元媒体或书籍方式便捷且花费少，可以为国际工程承包项目的前期调查提供部分信息，但存在不准确、不及时的问题，因此，这种方式取得的信息只能作为参考。

（2）实地考察。承包商人员亲自前往项目所在国进行法律信息的收集调查或咨询当地的政府机构或到项目所在国的中方企业处获取信息。

（3）第三方律师事务所。承包商委托自己的常年法律服务律师事务所和单项选聘当地律师事务所等。该方式更专业、更准确，针对性强。

6.2.2.2　外聘律师的必要性

承包商前往海外承揽国际工程承包项目时，面对的是全然陌生的法律环境，可能会发生无意间触犯当地法律法规的事件，产生许多法律风险。委托律所是了解当地法律并防范法律风险的关键途径。

除了建立常年法律顾问机构服务的模式外，单独项目进行法律尽职调查，选聘项目所在地外部顾问机构的优选模式是通过国内有经验的律所来完成，一方面可以充分利用国内律所的全球性资源，选择性价比较高的当地律所提供专业服务，另一方面国内律所具有丰富的项目经验，可以更好地传达与解释承包商的调查需求，矫正项目所在地律所提供的工作成果，辅助尽职调查工作更好完成。

在合同谈判、合同履行、争议解决过程中，通过聘用外部顾问机构也是加强承包商法律风险管理能力和争议解决的必要补充。

6.2.3　国际工程承包项目合同法律风险评审

在整个国际工程承包项目过程中，具有最为关键作用的法律关系即为雇主与承包商签订的工程承包合同。鉴于国际承包工程合同的复杂性，为了确保合同的有效性并最大限度地控制法律风险，承包商必须与雇主对技术、商务、法务重大风险的关键性条款进行多次谈判澄清，从而使最终达成的支付条款、清晰划分的权利义务、设置的违约责任限制、仲裁机构的选择全部都落实在合同中，并成为将来执行工程的依据。

6.2.3.1　合同的名词性定义

审核英语合同定义条款时，需注意如下问题：

（1）相同的名词在同一合同中可能表示的是不同的意思；

（2）关注合同中的缩写所代表的意思；

（3）避免使用无法限定承包商执行标准的词语，比如“世界第一流的、最专业的”。

6.2.3.2　合同的管辖法律和语言

在国际工程合同实践中，较为常见的是选择合同一方所在国的法律和第三国的法律作为合同管辖法律。值得关注的一点是，有些国家的法律不允许合同双方选择适用第三国法律作为合同的管辖法律。

合同中对使用语言的约定对双方来说也是非常必要的，合同及文件往来的语言最好使用全球通用的英语，以降低沟通协调的障碍。如果合同内容采用两种语言书写，应确保两种语言内容的一致性。还应约定若语言之间产生了歧义，以哪种语言为优先解释。

6.2.3.3　合同文件的构成和优先顺序

应当特别注意合同中对合同文件的构成及优先顺序是如何约定的。相关内容请参考本书第 2 章“2. 3. 3 合同文件的组成”以及“2. 3. 4 合同文件优先次序”的相关论述。注意合同履行过程中形成的文件，如备忘录、会议纪要、邮件、来往函件等的内容是否构成合同的组成部分，具备变更合同内容的效力，必须在原合同“合同文件的组成”条款中有明确约定，否则这些过程文件并不当然地具备修改合同原有内容的效力。

6. 2. 3. 4 合同生效附条件

对于合同的生效，双方一般在合同中没有特殊的约定即为签订时即生效。值得注意的是，雇主和承包商可能因融资需要等原因约定附一定条件合同才生效，此时承包商应对项目的开工准备进行把控，避免合同最后未生效，而前期已投入了大量的成本，却得不到偿付。

6. 2. 3. 5 损害赔偿

相关内容请参考本书第 2 章“2. 3. 22 损害赔偿”内容。此外，要特别关注雇主对性能考核不达标的拒收权，合同评审和谈判时应注意触发“拒收”或“高额赔偿”的性能指标达数值的设置是否合理。

6. 2. 3. 6 合同暂停

雇主和承包商都可以发起合同的暂停，但因二者在合同中所处地位的不同，暂停的原因也大相径庭。

雇主发起暂停通常有两种情况：

（1）双方在合同中明确约定雇主可以任意发出暂停的权利。承包商应注意与雇主协商在合同中约定承包商应获得工期的延长及相关成本利润的条款。

（2）承包商原因导致雇主要求暂停，比如承包商产生了工程质量问题、安全隐患、环保不达标违反了合同的约定等。此时，雇主有权要求承包商承担责任，包括暂停期间设备的照管成本、工期延误的违约金或赶工费等。

国际工程承包合同中一般不会约定承包商有可以随时暂停合同的权利。承包商暂停合同的理由有雇主不能如约定支付合同款、雇主无法进行资金安排、雇主未能获得相应的许可等情况。因此，承包商应注意在合同中约定，如遇上述情形，承包商不仅可以索赔成本费用，并且可以索赔合理的利润。

6. 2. 3. 7 合同变更

（1）延期开工的费用补偿。有的附条件生效的合同，签订完后不能马上开工，雇主可能需要融资，合同中应约定调价条款，比如 3 个月或 6 个月后仍不能开工，应允许承包商进行调价，以防止物价上涨及汇率变动带来的成本超支风险。

（2）法律变化导致工程成本的增加或减少。承包商应注意在合同中明确约定费用补偿的程序性条款，避免将来出现纷争。

（3）法律变化导致工程项目工期的延长或缩短。强制性的工程建设、环保标准法律发生变化将可能导致工期延长或缩短。合同中应约定若因此种情况发生了工程工期的延长，承包商应获得延期、费用补偿或者赶工费。

其他具体详见本书第 2 章“2. 3. 23 合同暂停”以及第 3 章“3. 8 合同暂停的应对及具体工作”的相关论述。

6. 2. 3. 8　合同终止

合同终止分为合同的解除和合同的关闭。此处讨论合同解除的情况。

国际工程承包项目在执行过程中发生了合同的解除情况是属于极为重大的法律事件，因此，在合同条款中约定出现重大的违约行为才能解除合同，并约定合理的解除程序对于承包商来说极其重要。

当发生合同解除事件时，雇主和承包商应对已完工程及未完工程进行结算。为避免争议的发生，承包商应当与雇主对如下情形明确约定：

（1）合同解除后的赔偿范围和比例；

（2）合同解除时守约方的减损义务。

具体详见本书第 2 章“2. 3. 25 合同终止”以及第 3 章“3. 9 合同终止的应对及具体工作”的相关论述。

6. 2. 3. 9　缺陷责任

因承包商承担的设计、工艺、材料或设备有违合同规定，承包商才应负责采取相应的补救措施。而非承包商的原因产生的缺陷或者损害，作为工程变更来处理，费用应由雇主承担。

一旦出现承包商在收到雇主发来的缺陷修复通知后，且在合同规定的时间内没有完成修复工作或没有采取补救措施，雇主就可以自己进行修复工作或让第三方进行修复，产生的实际费用应由承包商承担。此外，如果雇主发现了缺陷或者损害时，选择了自行修复而没有通知承包商，费用则不由承包商承担。

应当设置合理的缺陷责任期，通常为 1 年，有的国家规定为 2 年；该期限的设置在谈判中应争取合理且最短的时间。

注意对缺陷责任期延长的限制，只有重大的缺陷雇主才能延长，所延长的期限只能是工程或工程的任何不能使用部分的期限。

其他具体详见本书第 4 章“4. 2 缺陷通知期工作”的相关论述。

6. 2. 3. 10　支付

雇主在国际工程承包合同中承担的主要责任是向承包商按时、足额支付合同款。承包商应关注合同条款中是否对雇主发生迟延付款情况约定了逾期罚则并约定承担违约责任。

6. 2. 3. 11　雇主风险

具体详见本书第 2 章“2. 3. 31 雇主风险”部分内容。除此以外，雇主风险还应包括法律风险。项目所在国的法律法规发生更改，比如出台了新的法律、废止了旧的法律或修改完善了现有法律等，造成承包商履行合同也必须进行调整如导致工期延长及成本的上涨，承包商可以向雇主提出索赔。

6.2.3.12 承包商合同责任及最高责任限额

具体详见本书第2章“2.3.6 责任限度”相关内容。应注意的是，基本上所有国家的合同相关法律都规定如果违约方存在欺骗、有意违约，或轻率的不当行为或者重大过失等行为，其责任不受最高责任限度的限制。

6.2.3.13 间接损失

具体详见本书第2章“2.3.6 责任限度”的相关论述。提醒注意的是：因间接损失的范围太大，是承包商无法合理预见的，在合同谈判中，间接损失是风险控制的红线之一。

6.2.3.14 中性事件

国际工程承包合同中的中性事件代表事件的发生不是因为合同的任何一方导致的。中性事件包括不可抗力事件、例外事件、特殊风险或合同一方需要负责的事件。

国际工程承包合同中有时采用例外事件代替表示“不可抗力”。具体详见本书第2章“2.3.34 例外事件”的相关论述。

需要注意的是，英国法律中没有例外事件的定义和规定，合同双方拟约定不可抗力，需写明具体条款。例外事件还应包括传染病、瘟疫和制裁等，一旦在发生此等情况的期间内签订国际工程承包合同，应在合同中明确该情况为不可抗力或例外事件，如未能做出明确约定，则认为承包商已经知道并同意承担此类风险，为降低相应的风险，需在报价和工期中予以考虑。

6.2.3.15 争端解决

国际工程争端解决的方式主要包括友好协商、争端解决替代方式、仲裁、诉讼等形式。争端解决的形式多样，此处主要阐述争端避免和裁决委员会（DAAB，Dispute Avoidance/Adjudication Board）和仲裁（Arbitration）。

A 争端避免和裁决委员会

DAAB属于准仲裁的非法律程序解决争端的方法之一，具有契约性和非正式性的特点。DAAB的法律适用与合同规定的法律适用相同。

在FIDIC 2017版合同条款中，DAAB被设置为常设机构。双方需要在合同数据（Contract Data）中提前约定好DAAB成员名单和任命的时间，如果未在合同数据约定，则默认合同签署后的28天内任命DAAB成员。

双方不仅可以约定在合同执行过程中产生任何争议，可随时提交DAAB决定，而且若DAAB意识到问题或分歧的存在，可邀请双方发起DAAB介入的请求，以避免争端（Dispute Avoidance）。对于是否需要DAAB行使该职责，完全由合同双方自愿决定，且无论该职责履行与否，不影响 DAAB 对争端的处理或裁决。

DAAB 解决双方争议一般遵循下述的程序。

（1）合同双方可以在期限内任命一名或三名工程及合同法律方面的专家组成 DAAB。未明确约定 DAAB 成员人数的，DAAB 由三名专家成员构成。双方从合同数据中的专家名单中各提名一名 DAAB 成员，第三名成员由双方协商任命。若对第三名成员达不成一致意见，则根据合同数据条款直接指定。聘请费由双方共同分担，且 DAAB 成员与合同任一方不存在任何经济利益关系。

（2）DAAB 收到一方的争议申请后的 84 天内，做出决定并给出理由，避免争端的久拖不决。

（3）如果合同双方在 28 天内没有发出对 DAAB 决定不满的通知，则该决定是最终的，对双方均产生法律约束力。

（4）当一方不履行 DAAB 的决定时，另一方可以根据仲裁协议提出仲裁。仲裁机构只能进行程序性审查，不能对 DAAB 的决定进行实质性审查。如果未发现 DAAB 在程序上违法，则裁定维持 DAAB 的决定。提交仲裁只是为了强制对方执行 DAAB 的决定，从而排除了仲裁与诉讼关系的效力。同仲裁相比，DAAB 的决定不能直接强制执行，只能通过仲裁裁决书这一方式，作为向法院申请强制执行的依据。

（5）当然，如果一方对 DAAB 的决定不满，可以在收到决定通知后 28 天内，将其不满意见发给另外一方，并在之后有权提出仲裁。在 28 天内，双方也可以努力以友好方式解决争端。

B　仲裁

法务人员在审核仲裁条款时应注意下述的方面。

（1）合同双方请求的仲裁事件只限于仲裁协议中规定的争端内容。如果不愿意将某些争端提交仲裁解决，应列出不属于仲裁范围问题的清单。

（2）约定仲裁的裁决是终局的，双方应无条件执行。国际社会的仲裁立法和司法实践一般认可仲裁庭的裁决决定属于终局效力，对合同任一方都有法律约束力，任何一方不得上诉或复议。但也有部门国家的立法并未设立一裁终局的约束效力，因此在合同的仲裁条款中对仲裁的效力进行约定，防止合同任一方就已裁决的问题提交法院审理。

（3）仲裁涉及当事人的法律保护、取证、聘请律师等因素，因此双方当事人都试图确定一个倾向自身权利的仲裁地点。承包商的最佳选择是本国的仲裁机构，但雇主一般会在招标书中约定自己国家的仲裁地点，以保护自身权益，所以双方应协商将仲裁地选择在第三国。注意该第三国仲裁机构应选择具有全球性质、有声望的、现代的、开放的仲裁规则，并已批准了双边或多边公约。

（4）仲裁机构是指合同双方当事人自主选择解决发生争议的团体。仲裁机构本身并不直接审理案件，主要是制定并修改仲裁规则，设置仲裁员名单，决定对仲裁员的异议，审查和批准仲裁裁决，以及其他相关服务等。为防止工程所在国的法院偏袒雇主，也避免执行时遭遇本国的保护主义，国际工程承包合同原则上选择国际著名仲裁机构进行仲裁。国际仲裁较外国法院判决更容易得到法律上的承认与程序上的保证。根据《承认和执行外国仲裁裁决公约》，缔约国的仲裁裁决能直接申请在 150 多个缔约国法院得以强制执行。有关国际著名仲裁机构详见本书第 2 章“2. 3. 35 争端解决”的相关内容。

（5）仲裁规则是合同双方和仲裁庭在仲裁程序中所依据和遵守的规则。主要包括仲裁机构的管辖权、仲裁申请的提出与答辩、仲裁员的选定、仲裁庭的组成、案件审理程序、裁决做出的效力等内容。仲裁规则具有契约的性质，是合同双方确定的规范，其效力只限于仲裁机构和合同双方。仲裁规则直接涉及合同双方实体权利与仲裁程序权利的保护。有些仲裁机构只允许采用本机构制定的仲裁程序规则，也有些机构允许争端双方指定专门的仲裁规则。法院会依据仲裁规则对仲裁过程进行监督，其对仲裁规则的认可，是基于尊重合同当事人的意思自治。

6. 3 国际工程承包项目合同履约阶段的法律风险管理

国际工程承包项目履约阶段的法律风险主要体现在具体实施合同的日常合规方面。日常合规包括承包商按合同的约定履行合同及项目运行符合当地的法律法规，避免可能的监管风险和合规风险。

6. 3. 1 工程变更

对于国际工程变更程序，承包商应注意如下几点：

（1）工程变更程序条款应清楚、明确，内容包括申请变更的时间、文件要求、审批流程等，工程变更程序的设置不宜过于复杂，如果工程变更的成本计量和工期延期时间都没有与雇主确定，雇主不能要求承包商进行工程变更的执行，以防止承包商不能获得应获得的变更费用；

（2）工程变更程序中不能约定除权条款，以防止承包商未按照工程变更程序执行就无权获得变更款项。

承包商应依据合同来识别工程变更，如果未签订合同就已发生了变更，应根据中标函和招标文件来界定。同时，承包商应按照合同中的程序向雇主提出申请，注意对双方的往来文件等做好存档工作。

如果合同双方对工程变更产生争议，受损害一方可发起索赔以保护自己的权益。

6.3.2 工程的暂停和工程的终止

此两部分详见本书第3章“3.8合同暂停的应对及具体工作”“3.9合同终止的应对及具体工作”的叙述。

6.3.3 合同的索赔和反索赔

在工程项目的执行过程中，因非承包商原因，产生的工期延期和费用增多，承包商可以向雇主、分包商、供应商等提出索赔，维护自身的利益。

6.3.3.1 索赔通知和索赔程序

索赔通知的作用之一是令对方早日发现存在的问题，并尽早解决，以防争议升级。对于索赔通知，需要注意如下四点：

(1) 索赔通知是否为索赔程序的必备条件；

(2) 索赔通知的起算时间：索赔事件发生之日、索赔方知道之日或自索赔方应当知道之日；

(3) 索赔通知的签收主体：若承包商向雇主索赔，索赔通知的接收主体即为雇主或者雇主的工程师；

(4) 索赔通知的内容：承包商应依据合同规定，将所需的索赔内容全部涵盖于索赔通知中。

承包商应按照合同约定及时向雇主发出索赔通知，如未在约定的时限内提交索赔通知，可视为放弃索赔权利。注意，此类推定“视为放弃权利”的效力，除了项目所在地法律有明确规定外，必须在合同中有明确约定，否则并不当然的具有推定“放弃权利”的效力。

如果索赔事件继续发展，应通知法务人员介入索赔工作。

6.3.3.2 承包商的反索赔

A 预防雇主提出索赔

中国承包商应注意充分尊重合同，以合同为依据，提高合同管理，做好履行合同的工作。承包商只有加强执行合同管理工作，严格履行合同义务才能防止雇主的索赔。其次，发生索赔情况，可能是由众多因素共同导致，承包商应注意在平时做好档案管理和证据收集工作，为反索赔做好准备。

B 反驳雇主提出的索赔

当雇主提出索赔时，首先对雇主的索赔内容进行分析，以合同中的条款以及法律规定不符为反驳依据，承包商也可以从类似的案例或逻辑角度进行回击。

(1) 调查索赔情况。承包商应对索赔情况的起因、经过、持续时间、影响等方面进行详细的调查。根据调查掌握的真实情况与雇主的索赔报告进行核对。

（2）出具反索赔报告。索赔论证是反索赔报告关键，依据事实情况，逐条论证并反驳雇主的索赔报告内容，可以以因果关系及索赔金额计价方法的角度进行论证反驳。

6.4 国际工程承包项目合同关闭阶段的法律风险管理

国际工程收尾及合同关闭阶段涉及一系列的活动，包括缺陷责任期，相关工程项目完成最终结算，雇主签发最终接收证书，尾款释放、资料归档、合同后评审等内容。

6.4.1 缺陷通知期

缺陷通知期的结束并不意味着承包商的责任终止。在大多数国家，缺陷通知期终止和缺陷责任的终止时间是不同的，在缺陷通知期结束后，承包商仍对工程负有损害赔偿责任。缺陷通知期是合同双方当事人约定的，在缺陷通知期后，承包商不再承担修复的责任，而缺陷责任往往是法定的质量责任，是由当事国的法律做出强制性要求的。

6.4.2 效力延续条款

合同某些条款的效力并不会随着合同的关闭或终止而灭失，这些条款包括：保密条款、争议解决条款、结算和清算条款、损害赔偿责任条款、支付条款等。

6.4.3 合同后评审

详见本书第4章“4.6合同后评价”的相关内容。

第7章　国际工程承包项目廉洁风险管理

7.1　国际工程承包项目廉洁风险管理概述

企业廉洁风险是指管理者在企业经营过程中，凭借所拥有的自身权力在执行公务过程中或日常生活中出现谋求私利等腐败行为的可能性。随着国家“走出去”战略和“一带一路”倡议的实施，境外廉洁风险管理已经成为国际工程承包项目重要的监管内容。

国际工程项目的廉洁风险包括了思想道德风险、制度机制风险、岗位职责风险、国别风险等，蕴含于工程承包经营活动的全过程。国际工程合同中，FIDIC合同条件重点对腐败和欺诈也有明确的规定。相对于国内企业对廉洁风险做出的类型划分，国际工程由于境外政治、经济、社会、文化环境不同，以及工程金额大、涉及领域广等，决定了国际工程承包项目所涉廉洁风险具有国别性、隐蔽性、多样性、复杂性的特征。本章节按照廉洁风险产生的不同原因，分别阐述国际工程承包项目的廉洁风险识别与管理。

7.2　FIDIC合同条件——腐败和欺诈

FIDIC合同条件（Corruption and Fraud腐败和欺诈）规定在履行合同时，顾问及其代理人和雇员应遵守任何适用管辖区的所有适用法律、规则、条例和命令，包括经合组织《打击在国际商业交易中贿赂外国公职人员公约》。顾问特此声明、保证和承诺，他不会直接或间接地接受或提供、支付或承诺支付任何与本协议所涉及的任何商业机会有关的“公职人员”任何有价值的东西。此外，如果咨询顾问收到任何公职人员要求非法付款的请求，咨询顾问应立即以书面形式通知客户全部细节。

合同中提到的“公职人员”是：

（1）任何政府机构或国有或控股企业的任何官员或雇员；

（2）履行公共职能的任何人；

（3）国际公共组织的官员或雇员，如世界银行；

（4）任何政治职位候选人；

（5）任何政党或政党的官员。

7.2.1　国际工程承包合同中雇主的关注点

对于国际工程腐败和欺诈条款，从雇主角度应关注以下几点：

（1）要求承包商同意遵守所有适用的反腐败法，包括其注册地和履行本协议地（如有不同）的反腐败法；

（2）对于因承包商未能遵守任何反腐败类别的法律或合同规定的腐败条款或因违反有关腐败条款而终止协议而引起的或与之相关的任何索赔、损失或损害，雇主概不负责，供应商应赔偿雇主使其免受任何此类索赔、损失或损害。

7.2.2　国际工程承包合同中雇主和承包商的共同关注点

从雇主和承包商双方角度，应注意以下几点：

（1）双方承认其致力于在各自业务活动的各个方面培养诚实、正直和负责的态度；

（2）确认并保证其承诺遵守有关商业行为和道德准则、公司披露、保密政策等以及公司公民价值观和责任声明；

（3）在履行双方合同项下义务时，双方及其代理人和雇员应遵守任何适用管辖区的所有适用法律、规则、条例和命令，包括经合组织《打击在国际商业交易中贿赂外国公职人员公约》；

（4）双方应在合同中声明、保证和承诺，各自不会直接或间接地接受或提供、支付或承诺支付任何与本合同所述的任何商业机会有关的有价物品给"公职人员"，或根本不会，此外，如果一方收到任何公职人员要求非法付款的请求，应立即以书面形式通知另一方，并提供全部细节；

（5）双方应遵守并保证已阅读并承诺遵守有关的《商业行为和道德准则》；

（6）如果一方违反有关规定的义务，或有关人员直接或间接提供和（或）给予向客户的任何雇员、高级职员或代理人提供的任何形式的礼物或贡献，作为其与工程有关的行为的诱因或报酬，另一方有权取消或终止合同，而无须承担任何责任或义务，并有权收回有关任何额外费用，和（或）因此类提前终止而产生的任何额外费用；

（7）对于因双方未能遵守反腐败法或根据协议规定而引起的或与之相关的任何索赔、损失或损害，另一方不承担任何责任。

7.2.3　国际工程承包项目中因腐败导致不合规

国际工程合同中，"合规规定"是就任何人而言，所有适用于该人的、任何司法管辖范围的法律、法规、命令、判决、决定或其他强制性要求，包括但不限于与反贿赂、反腐败、反洗钱、反恐怖主义以及制裁等方面的该等要求。

国际工程承包领域的因腐败导致的不合规行为，经常发生在项目招投标阶段和实施阶段。主要体现在：

（1）向政府或其公务人员提供贿赂，贿赂形式包括但不限于回扣、融通费、有价服务等；

（2）对公务人员提供不符合规定的礼品、招待、旅行安排等，包括赠予公务人员价值高昂的礼物、提供不合时宜的或者超过报销规定的宴请，或者报销公务人员的配偶或者其他家庭成员的差旅费用等；

（3）向项目所在国政府、政党、政治性组织或者公务人员等提供捐赠或赞助；

（4）违反现金支付的相关规定违规进行支付；

（5）通过第三方代理进行腐败行为，如支付高额佣金雇用代理进行贿赂，知悉或者应当知悉代理进行贿赂但未制止；

（6）向项目雇主方人员、监理人员、工程师等在验工计价、逢年过节等提供好处费、融通费、协作费、变相加班工资等。

7.2.4　国际工程承包项目中因欺诈导致不合规

国际工程承包领域的因欺诈导致的不合规行为，经常发生在项目招投标和实施阶段。主要体现在：

（1）对公司业绩经验、人员组成、设备情况及资质认证等进行虚假陈述，包括串用集团内其他公司的项目业绩、设备情况和成员简历等；

（2）财务数据存在虚假信息；

（3）未如实披露第三方代理（如咨询顾问、投标代理、政府公关等）的聘用情况，未如实披露代理费、佣金约定和支付情况；

（4）对第三方代理的能力和资质进行虚假陈述；

（5）虚报项目工程量，如项目实际未竣工而虚报已竣工以提前请款；

（6）未如实披露分包、联营体、转包情况，实际使用分包商与正式上报分包商不符（包括集团内母子公司分包情形）；

（7）实际施工现场关键人员与投标文件中人员不符，进行了更换，且更换后人员的资质低于招投标文件要求，并获得雇主方对此更换的同意；

（8）项目偷工减料等。

7.2.5　国际工程承包项目中腐败和欺诈违规风险及规避

国际工程项目中的腐败和欺诈不合规行为可能会：

（1）招致相关政府部门、国际金融组织的调查和处罚；

（2）导致国际金融组织调查和制裁；

（3）因国家的“黑名单”制度被列入黑名单；

（4）列入资格预审的负面因素进行披露。

因此，为规避腐败和欺诈对企业带来合规风险，应从以下几方面注意。

（1）按照国际通行的合规要求统一制定并持续修订内部管理制度。强化内部监督，实现对违规行为的早期预警、防控、化解，以此培育合规文化，防控合规风险。

（2）严格遵守项目所在国的法律法规、行业标准等，如反商业贿赂、反垄断、职业道德、欺诈舞弊、行业特殊规定等。

（3）重视中国律师和承包商合规顾问的重要作用，全面充分做好东道国国别法律环境调研和项目尽职调查。

（4）面对合规调查和制裁时，应积极主动沟通，配合调查，争取和解。在制裁履行期间，积极配合合规官对制裁执行情况的监督。

7.3　国际工程承包项目的廉洁风险防控管理

7.3.1　国别廉洁风险评估

中国工程承包商在“走出去”的同时，首先需要做好项目所在国的国别风险调查和评估。国别廉洁风险是国别风险的组成部分，是指通过对所在国政治文化法律背景、经济动荡、地区局势冲突、恐怖主义威胁、金融法务危险等方面的规范性资料和文件进行收集、整理，分析和评估各方面因素对廉洁风险管理影响的过程。

国别廉洁风险评估重点调研和评估对国际项目有重要影响的廉洁风险因素，以便使承包商对廉洁风险防控更具有针对性。评估的主要方面包括：政治政局、社会治安、恐怖主义、卫生健康、风俗文化、边境安全、生态环境与土地使用权等社会影响因素、金融法律环境以及反境外腐败立法等方面。

总承包商在开展国别廉洁风险评估时，注意事项包括：

（1）在项目接洽初期，要首先开展境外投资决策中的国别廉洁风险识别和分析；

（2）加强对所在国家或地区反腐败态势的总体研判，重点分析其在政治环境、营商环境、法律制度环境、社会文化、对外资企业的监管政策等方面隐藏的廉洁风险清单；

（3）组织工程经验丰富的法律、商务、纪检人才进行研讨，初步评估项目安全性审查流程，研究提出可行的国别廉洁风险应对措施，做到“一国一策”；

（4）加强对重大投资或承包工程项目的廉洁风险论证，通过专门人才将项目所在国家或地区的廉洁风险分析纳入可行性研究之中，将国别廉洁风险识别和评估作为重大项目启动的重要决策依据；

（5）国别廉洁风险评估具有一定的时效性、阶段性。对于开展过国别廉洁风险评估的国家或地区，要根据有关要求和需要对评估内容进行及时补充更新，或重新组织评估。

7.3.2 项目开发前的廉洁防控管理目标设定

境外项目开发阶段，往往对项目实施管理目标规划，对项目合同、经济、进度、质量、环境保护与安全管理、廉洁从业、社会责任等方面实施目标设计，要求项目团队成员在项目执行过程中须严格遵守国家、地方、行业法律法规和标准规范，严格执行承包商各项规章制度，接受项目相关方的监督与管理；严格履行廉政义务，在合同范围内履行相应的社会责任。其中，境外廉洁风险防控的管理一般有下述目标。

（1）视项目所在地地域、项目规模、党员人数等情况，建立健全相适应的党的组织体系，发挥党组织领导作用，确保业务开展到哪里，全面从严治党的要求就落实到哪里，廉洁风险防控体系就延伸到哪里。

（2）实施境外廉洁风险防控管理。严格对项目廉洁风险防控工作开展日常管理和监督，对重点领域的廉洁风险防控做出规范性要求。建立项目管理廉洁档案并实施动态管理。

（3）贯彻落实“两个责任”。项目管理的党组织认真贯彻落实全面从严治党要求，自觉承担廉洁风险防控工作的主体责任；党组织负责人自觉担负起廉洁风险防控工作第一责任人职责；其他领导班子成员自觉履行好“一岗双责”。

（4）项目中方领导人员履行管党治党责任、落实党风廉政建设责任制；项目管理中方人员要遵守党的纪律特别是政治纪律和政治规矩；项目运作严格执行“三重一大”决策制度；项目管理的重点领域和关键环节严格依规依纪依法履职行权行为。

（5）项目分包管理要求列定廉洁责任条款，实施同步廉洁风险防控管理。

7.3.3 国际工程承包项目开发阶段的廉洁风险识别

在项目的决策和开发阶段，主要的廉政风险包括：

（1）国际项目管理机构远离企业总部，加上不同文化国别差异，无形中加大了项目监管难度，只能依靠项目现场管理团队的职业修养进行监管，极易发生违规行为；

（2）部分国际分支机构人员较少，管理人员组织观念、纪律意识淡薄，自我约束能力不强；

（3）不能严格执行项目“三重一大”集体决策制度和重大事项报告制度，

违反规定擅自决策、滥用权力，私自对外承诺、未经批准办理业务、未经审批办理投标、对外签署合同等，极易滋生腐败；

（4）中介服务、代理服务选择。由于有关信息资源代理服务金额大、保密性强，掌握在个别操作人员或项目负责人手中，存在违规接受关联企业和个人提供的礼品、馈赠和宴请等违规违纪风险和利用当地法律和监管漏洞，内外勾结利益输送；

（5）对于有关地权、矿权的办理，以及环保评估、道路通行权、用电用水许可等方面，存在个体官僚腐败或集体政治腐败的问题。

7.3.4 国际工程承包项目执行阶段的廉洁风险识别

国际工程承包项目执行阶段的廉洁风险主要来自所在国的政治、经济、法律、文化环境以及企业自身经营过程中的腐败行为。

7.3.4.1 政治经济环境廉洁风险

政治经济环境廉洁风险包括：

（1）国家政局不稳、政治动荡导致政府官员“吃拿卡要”等腐败行为；

（2）国家政权长期被某些利益集团控制，社会阶层固化，既得利益集团势力强大，政府监督监管失灵导致权力寻租腐败现象；

（3）选举制度不健全，缺乏完善的资金捐助制度，导致政治黑金，形成基于庸俗政治交易的市场政治；

（4）第三世界国家相关事务的办理流程不公开不透明、随意性大，人为因素影响多，决策过程冗长，决策效率较低，容易滋生各种索要“好处费”现象等；

（5）税收制度不完善、不稳定，税务人员具有较大的自由裁量权导致出现的税收廉洁风险；

（6）公共服务的垄断导致行贿；

（7）本土化人力、物力和服务的要求与东道国人力资源素质、生产能力差的矛盾导致解决这些问题时发生的廉洁风险；

（8）人员、设备、材料通关方面对清关程序、进出口经营许可等人为设置障碍索要“好处费”以及有关证照办理、土地征用、警察服务等方面的廉洁风险。

7.3.4.2 法律环境廉洁风险

法律法规制度建设落后，经济、商业、贸易、工程建设、反腐败等方面存在无法可依、有法不依、执法不严、违法不究甚至以罚代刑、钱大于法的现象。企业为了实现正常运营，可能会对相关机构和人员进行非正常公关，产生廉洁风险。

7.3.4.3 社会文化环境廉洁风险

社会文化环境廉洁风险包括：

（1）效忠家庭、村落、部落、宗教团体等小集团利益的传统风俗文化导致地区首领充分利用手中的权力为自己及其利益集团谋利的风险；

（2）基层官员由于收入微薄，收取或索要“好处费”；

（3）以礼物或礼金为纽带的人情社会导致的廉洁风险。

7.3.4.4 经营管理廉洁风险

经营管理包括下述廉洁风险。

（1）基础设施落后，生产资料和能源供应不足，市场规则、信息不透明，信用环境较差，政策制度不完善等导致的廉洁风险。

（2）合同“一对一”谈判、私下商谈等可能引发向对方私下让利、向对方泄露商业秘密，以谋取不正当利益的风险。

（3）超越权限签订合同或改变合同内容，与不符合条件的企业签订合同，或者签订合同前不履行应该履行的相关决策程序。

（4）境外招标采购过程中，采取不正当手段影响评标结果，获取不正当利益；对于不需要招标采购的材料和设备，不明确规定采购程序，不严格执行相关管理流程，通过向特定关系单位或个人采购，获取不正当利益。

（5）业务分包中利用职务便利，与特定分包商勾结，违反招投标的相关规定，故意泄露标底；或变更分包合同，满足特定分包商不合理变更补偿或索赔要求，越权审批，损害承包商利益，获取不正当利益。

（6）现场施工中审签工程量存在给分包商随意调高单价、放松工程量审核签证或乱报虚报工程量、多计量、多结算等风险；对分包商偷工减料影响工程质量的行为放任不管，对分包商人、机、材等资源投入不足，安全措施不到位，影响施工进度和施工安全的行为放任不管；对不符合验收条件、整改不到位的工程予以签认；在质量安全检查及事故处理中，不严格按标准办事，不严格进行质量安全检查，故意偏袒事故责任单位和个人等，以从相关分包商和个人获取不正当利益。

（7）境外工程资金使用中，利用职务便利或业务之便，侵吞、窃取或其他手段非法占有承包商公司财产。

（8）通过设立小金库或让承包商银行存款、现金、其他货币资金账外循环获得不当利益。

（9）对佣金支付和分包方付款监管不严，提前或超额支付，从而获取不正当利益。

（10）费用管理方面，利用一些国家小额采购无发票的漏洞虚报冒领，或利用一些国家发票不正规且核实困难，虚开、多开发票报账；违规报销因私旅游和其他个人日常消费费用；违规私自发放高额奖金补贴；违规购买高档烟酒、奢侈品；虚构招待对象、陪餐人数、招待次数、虚构礼品赠送事项等套取承包商公司资金。

（11）资产交易方面，企业少数人员为了收受回扣和账外资金收入，通过高值低估、高额折旧甚至报废的方式向个人或其他非国有机构转让资产，中饱私囊。

（12）企业处于分立、撤销、兼并、合并、整体出售或破产清算时，为了牟取私利，虚构或伪造财产账目资料，侵吞、骗取或非法占有公司财产。

7.3.5 廉洁风险产生的主要原因

国际工程项目的廉洁风险发生的主要原因有制度机制、岗位职责、业务流程、外部环境以及思想道德等多方面。

（1）制度体系不完善：在合同管理、物资设备采购、工程分包、劳务分包等方面管理制度不完善，对外经营行为缺乏有效约束和监管。

（2）岗位职责不明晰：境外机构存在一人兼多职的普遍形象。岗位职权不明、履职程序不规范，监督制约措施不严密。

（3）监督机制不健全：境外机构远离承包商本部，长臂管辖鞭长莫及。境外机构对项目相关业务的监督和管控缺乏系统性和针对性。

（4）外部环境压力大：境外经营多发生在第三世界国家，经济发展较为落后，招投标法律法规不健全，当地政府职能部门官员和雇主廉洁意识不强，加剧了廉洁风险。

（5）道德建设不到位：境外企业负责人职业道德素质不高，在境外短暂的职业生涯中不能树立牢固的政绩观。

7.3.6 国际工程承包项目廉洁风险管理共性问题

由于主观意识不强以及客观条件所限，国际工程项目在廉洁风险防控的落地方面面临一些共性问题。

（1）廉洁风险防控不重视。在项目工程的前期，管理者往往以获取或推进工程为目标，对廉洁风险防控认识不深刻，“一岗双责”履行不到位。

（2）廉洁风险识别不清晰。一些企业对廉洁风险识别、分析以及防控措施的制定基本通过风险管理业务部门完成，导致项目单位参与度不够，指导性和操作性不强。

（3）廉洁风险防控两张皮。对于界定的评估措施和防控要求，不能细化到投资管理具体工作环节中，存在两张皮现象。

（4）廉洁风险防控缺标准。各个层次的人员对廉洁风险理解不深入，照搬照抄，责任不明，导致廉洁风险防控措施针对性不强，落实不到位。

（5）廉洁风险防控不对称。境外运作过程中，承包商总部不能大量掌握境外工作的实际情况，不能做到“对症下药”。

7.3.7 国际工程承包项目廉洁风险防控管理主要思路

国际工程承包项目，要准确把握风险“五少五多”分布规律，开展廉洁风险防控。自由裁量权越少廉洁风险越少，反之越多；参与人员越多廉洁风险越少，反之越多；监督距离越近廉洁风险越少，反之越多；公开程度越高廉洁风险越少，反之越多；防控力度越大廉洁风险越少，反之越多。

（1）构建合同履行过程中项目廉洁风险防控体系。包括教育预防体系、制度保障体系、监督检查体系、廉洁文化体系。

（2）构建管理保障机制，实施合规与纪检联动管理。实施任前廉洁教育机制，对境外机构人员的选派、考核、管理、监督等做出规定。将廉洁风险防控工作要求嵌入合规管理和业务流程，推动纪检、合规合署联动办公。

（3）严格遵守当地法律法规。严格审批高风险业务资金，规范流程设计。严抓境外人员思政教育和廉洁教育。

（4）加大监督、巡视巡察、审计。根据项目所在国有关反腐败的法律规定，依法查处违法案件。对于中方人员，还要按照中国有关法规规定，查处违法违纪案件。

第8章　附　　录

附录1　合同交底记录模板

合同交底记录目录

1. 项目简介（Brief Introduction）
1.1　项目基本信息（Basic Information）
1.2　项目合同签约方（Parties of the Contract）
1.3　项目合同金额（Contract Price）
1.4　合同标的（Subject of Contract）
1.5　项目工期及缺陷修复期（Time for Completion & Defects Notification Period）
1.6　合同文件（Contract Documents）
1.7　合同结构及我公司地位（Contract Structure and Roles of ENFI）
2. 合同价格相关条款（Payment Terms）
2.1　预付款（Advance Payment）
2.2　进度款（Interim Payment）
2.3　尾款（Retention）
3. 合同工期（Period of Project）
3.1　合同工期（Time for Completion）
3.2　质保期/缺陷修复期（Guarantee Period/Defects Notification Period）
4. 保函相关条款（Guarantee/Security）
4.1　预付款保函（Advance Payment Guarantee）
4.2　履约保函（Performance Guarantee）
4.3　质保期保函（Quality Guarantee）
4.4　其他保函（Other Guarantees）
5. 合同责任义务（Contractor' s Responsibility）
5.1　承包商一般性合同义务（Contractor' s General Responsibility）
5.2　合同特殊要求（Special Requirement）
6. 合同变更（Variation）
7. 现场管理（Site Management）
8. 验收及性能考核（Acceptance and Performance Test）
9. 赔偿责任及责任上限（Damages and Limitation of Liability）
10. 合同暂停及终止（Termination and Suspension）

10.1 合同暂停条件（Conditions for Suspension）

10.2 合同暂停处理办法（Treatment for Suspension）

10.3 合同终止条件（Termination）

11. 合同争议解决（Settlement of Disputes）

12. 保险（Insurance）

13. 不可抗力条款（Force Majeure）

14. 索赔（Claims）

15. 其他杂项（Miscellaneous）

16. 其他重大风险项（Other Risky Clauses）

附件 合同交底会签到表（Attendance Sheet of Contract Presentation Meeting）

合同交底记录覆盖内容

1. 项目简介（Brief Introduction）

1.1 项目基本信息（Basic Information）

〖项目名称、地点、签约日期、合同编号〗

[Name of Project, Location, Time of Contract Signature, Contract No.]

1.2 项目合同签约方（Parties of the Contract）

〖业主、承包商〗

[Employer, Contractor]

1.3 项目合同金额（Contract Price）

〖合同金额币种、价格类型（固定总价或实报实销），支付方式（现汇，信用证）〗

[Currency & Amount of Total Contract Price, Price Terms (Lump Sum/Unit Price/Reimbursable), Method of Payment (L/C, T/T)]

1.4 合同标的（Subject of Contract）

〖项目最终交付物及规模〗

[Final Deliverable and Capacity]

1.5 项目工期及缺陷修复期（Time for Completion & Defects Notification Period）

〖概述工期时间及缺陷修复期时间即可〗

[Just briefly introduce the period of time for completion and Defects Notification Period]

1.6 合同文件（Contract Documents）

〖根据合同规定，被视为合同一部分的合同性文件，包括但不限于合同各条款、附件、技术规格书、合同签署后仍有效力的会议纪要或备忘录等〗

[All the documents that will be deemed to form the Contract, including but not limited to Contract Terms and Conditions, Appendixes, Technical Specification, all the MOMs or MOUs which still keep valid after the signature of Contract]

1.7 合同结构及我公司地位（Contract Structure and Roles of ENFI）

〖我公司作为总包承接项目/与其他单位组成联合体承接项目/以集团公司名义执行项目/作为分包执行项目部分工作等〗

[Main Contractor / Consortium with other company (ies)/Execute Contract on behalf of MCC

Group / Sub-Contractor]

2. 合同价格相关条款（Payment Terms）

〖如有可能，请在此处以图表或流程图形式概述合同价格及支付条款〗

[If possible, please make a brief introduction of the overall payment terms in the form of table or flow chart]

2.1　预付款（Advance Payment）

〖比例、金额、是否需在后续进度款中抵扣、支付节点：包括但不限于支付时间、申付款程序及应提交文件〗

[Percentage, Amount, will be amortized and repaid from Interim Payment or not, payment terms: including but not limited to time for payment, procedure of payment application, documents to be submitted]

2.2　进度款（Interim Payment）

〖设计、采购及施工款项分别说明，描述应包括比例、金额、支付金额点：包括但不限于支付时间、申付款程序、应提交文件等〗

[The payment of engineering, procurement and construction shall be described separately, description shall include Percentage, Amount, payment terms: including but not limited to time for payment, procedure of payment application, documents to be submitted]

2.3　尾款（Retention）

〖比例、金额、支付金额点：包括但不限于支付时间、申付款程序、应提交文件等〗

[Percentage, Amount, and payment terms, including but not limited to time for payment, procedure of payment application, documents to be submitted]

3. 合同工期（Period of Project）

3.1　合同工期（Time for Completion）

〖合同生效条件、开工日计算条件、竣工条件〗

[Pre-requisite for contract effectiveness and commencement, Conditions for Completion]

3.2　质保期/缺陷修复期（Guarantee Period/Defects Notification Period）

〖质保期起点、质保期到期条件〗

[Start of DNP, Pre-Requisite of DNP Release]

4. 保函相关条款（Guarantee/Security）

〖保函条款交底内容应至少包括各保函金额、开立时间、递减条件、释放条件、是否无条件见索即付、有效期、转开或直开、对开立行是否有要求〗

[The Content of this clause shall at least include: Amount of each guarantee, time of issuance, deduction clauses, release clauses, unconditional guarantee or not, validity, direct issued by Chinese bank is acceptable or not, any requirement for issuance bank]

4.1　预付款保函（Advance Payment Guarantee）

4.2　履约保函（Performance Guarantee）

4.3　质保期保函（Quality Guarantee）

4.4　其他保函（Other Guarantees）

5. 合同责任义务（Contractor's Responsibility）

5.1　承包商一般性合同义务（Contractor's General Responsibility）

〖设计、采购、施工安装、调试、性能保证、缺陷修复、工程照管责任等〗

[Design, Procurement, Installation & Construction, Commissioning, Performance Guarantee, Defect Remittance, Care of Project, etc.]

5.2　合同特殊要求（Special Requirement）

〖合同要求的其他义务，如试运营、技术转让、业主对于文件（特别是设计文件）的审批要求、仲裁地和适用法律为第三国等〗

[Other Responsibilities required by the Contract, such as operation, transmit of technology, Employer's requirement about documents' review (especially design document), place of arbitration and applicable law, etc.]

6. 合同变更（Variation）

〖关于合同变更条款的描述，包括承包商是否有提出变更的权力、对于业主的指示及变更要求，承包商是否有权拒绝，关于变更的定价机制，如双方无法就变更报价达成一致，承包商是否有义务强制执行变更要求等，如有可能，以流程图表示〗

[Description of Variation under the Contract, include: whether the Contractor is entitled to raise variation, whether Contractor is entitled to object Employer's unreasonable direction or variation order, determination of the cost of variation, whether the Contractor has to execute the variation even if the Parties have not reach an agreement on the cost of variation, etc. If possible, please prepare a flow chart to describe the variation procedure in detail.]

7. 现场管理（Site Management）

〖进场权管理，临建相关规定，双方在现场的责任义务、场地三通一平、现场安保医疗、工作签证、现场管理政策等等〗

[Access to Site, rules about temporary facilities, the Parties' obligation at Site, responsibility for facilities such as electricity, water, gas and ground leveling of the Site, security, health care, working visa, Site management policy, etc.]

8. 验收及性能考核（Acceptance and Performance Test）

8.1　验收（Acceptance）

〖交工和验收节点、交工和验收程序、交工和验收双方工程照管责任过渡、拒收规定和标准〗

[Timing and procedure of Acceptance and Performance Test, transition of ownership of the Project, as well as transition of responsibility of the Project, rules and standards of Employer's rejection of Project]

8.2　性能考核（Performance Test）

〖考核时间、考核项点及考核中双方的责任分工、水电气原材料费用承担，考核不通过的解决方式（重复考核/罚款验收/业主拒收等）〗

[Timing and items of Performance Test, the Parties' responsibility matrix during performance test, especially, costs of electricity, water, fuels, materials and etc. used in the Performance Test. Results of failed tests (Retest/Liquidated Damages/Rejection)]

9. 赔偿责任及责任上限（Damages and Limitation of Liability）

9.1 合同赔偿（Damages）

9.1.1 赔偿类型（Types of Damages）

〖误期损害赔偿（工期拖期）、性能不达标赔偿、业主付款拖期罚息、其他违约赔偿（如有）等〗

[Liquidated Damages for Delayed Project Completion, Liquidated Damages for failed Performance, damages for the Employer's delayed payment, other damages (if any), etc.]

9.1.2 赔偿费率及上限（Rate and Limitation of Damages）

〖根据各类赔偿分别列明〗

[Please specify separately for each damage]

9.1.3 赔偿机制（Terms of Damages）

〖赔偿触发节点（是否有宽限期、赔偿前是否有提前通知补救的要求等）、赔偿到达上限后的解决方式等〗

[Conditions that trigger the damages (grace period, requirement for notice to rectify in advance, etc.), treatment after the damages have reached the limitation]

9.2 合同责任上限（Limitation of Liability）

〖合同责任上限额度，是否有不受责任上限管辖的赔偿条款（如知识产权侵权赔偿、保密违约赔偿、人员伤亡等），如有请分条列明〗

[Amount of limitation of liability, any clauses that are not included in the limitation of liability (such as Intellectual and Industrial Property Rights, confidentiality, injury or death of personnel, etc. Please list each item in case of existence]

9.3 间接损失赔偿（Consequence Losses）

〖合同有无间接损失赔偿的要求，是否有无上限的间接损失赔偿要求〗

[Any requirement for the payment of consequence losses, any requirement for unlimited consequence losses]

10. 合同暂停及终止（Termination and Suspension）

10.1 合同暂停条件（Conditions for Suspension）

A. 业主提出合同暂停条件（Suspension Required by Employer）

B. 承包商提起合同暂停条件（Suspension Required by Contractor）

10.2 合同暂停处理办法（Treatment for Suspension）

〖包括合同暂停后的复工时间限制、最长合同暂停时间、超过最长暂停时间后的处理办法、合同暂停触发的工期和费用变更。〗

[Include: limitation for suspension period, requirement for time of return to work, treatment of suspension that exceed the limitation of suspension period, extension of time for completion and variation of contract price caused by suspension]

10.3 合同终止条件（Termination）

A. 业主提出合同终止条件（Termination Required by Employer）

B. 承包商提起合同终止条件（Termination Required by Contractor）

C. 方便业主终止条件（如有）[Termination for the Employer's Convenience (If Any)]

D. 长期停工（不可抗力）合同终止条件 [Termination caused by long-time suspension

(Force Majeure)]

E. 商业计划落空（开工条件无法满足）合同终止条件［Termination caused by Failed commercial plan (Fail to satisfy the pre-requisites of contract commencement)］

10.4 合同终止处理办法（Treatment After Termination）

〖包括各种前提条件下，合同终止后的结算方式，保函处理，合同终止后仍保持有效的条款等。请根据各种情况分别说明。注：需特别注明，如因承包商原因导致合同终止，承包商有无义务承担完成后续工程的全部费用，以及该费用是否受限于合同最高责任上限〗

[Include the treatment for all kinds of termination, method of financial settlement, guarantee settlement, contract clauses that remain valid after termination, please specify separately for each condition. Note: Please clearly describe whether the Contractor is responsible to pay all the costs to complete the remaining Works, if yes, whether such payment of cost is under the limitation of liability]

11. 合同争议解决（Settlement of Disputes）

〖简介合同争议解决机制，适用法律，争议解决语言等。如最终裁决方案是仲裁或诉讼，需列明仲裁/诉讼机构、地点、适用规则〗

[Brief introduction of the settlement of disputes, applicable law, languages of disputes settlement, etc. In case the settlement is arbitration or lawsuit, please clarify the institutes, location, applicable rules of arbitration or lawsuit]

12. 保险（Insurance）

〖简介合同中规定应投保的保险类型，投保方及受益方，投保期限等〗

[Brief Introduction of insurance to be effected and maintained, insuring party and insured party, period of insurance]

13. 不可抗力条款（Force Majeure）

〖如有超出常规的不可抗力条款，请在此描述〗

[In case of any extraordinary terms of Force Majeure, please specify here]

14. 索赔（Claims）

〖索赔触发事件以及相关索赔程序规定，索赔时效规定，索赔争议解决规定，请在此描述〗

[Issues that trigger claims, rules of claim procedure, time limitation for claims, treatment of disputes during claims]

15. 其他杂项（Miscellaneous）

〖合同文件之间的效力层级、合同条款冲突或存在歧义的处理办法、合同语言、正本份数、合同双方沟通路径等〗

[Sequence of Contract documents, treatment of conflict clauses or ambiguities, contract language, original copies, means of communication, etc.]

16. 其他重大风险项（Other Risky Clauses）

〖如有上述条款未涉及的重大风险提示项，请在此描述。注：请同时描述相关条款的产生背景（如业主强硬要求必须列入、是否在其他条款或报价中有所考虑等）〗

[In case of any other risky clauses beyond the above items, please specify here. Note: Please also introduce the background of such clauses (such as the Employer insist to add, has the clause been covered by other clauses or additional contingency in quotation or not)]

附件　合同交底会签到表

(Attendance Sheet of Contract Presentation Meeting)

编号：					
会议主题：××项目合同交底会			日期	年　月　日	
			地点		
			交底人		
			接收人		
出席人签到（共　　人）					
公司/部门	姓名	职务	公司/部门	姓名	职务

附录 2　工时申报单模板

(各项目需根据各自合同要求编制相应单据)

Timesheet

Project: ××× Project

Employer:

Contractor:

No.	Title	Name	Serivce Period		Working Hours	Rate (Currency/h)	Value (Currency)	Area	Description	Approval by the Owner
1										
2										
⋮										
Total					0		0.00			

附录 3　付款申请单模板

Payment Application Form

付款申请表

Owner　　　　　　　　　　　　　　　Contractor

业主:　　　　　　　　　　　　　　　承包商:

Contract Number:　　　　　　　　　　Date:

合同号:　　　　　　　　　　　　　　日期:

Project:　　　　　　　　　　　　　　Ref. No:

项目:　　　　　　　　　　　　　　　参考号:

No. 序号	Item 款项	Amount (Currency) 金额（币种）	Supporting Documents 支持文件
1	Contract Price ([Day] [Month] [Year] to [Day] [Month] [Year]) 合同款（[年] [月] [日] 至 [年] [月] [日]）		
1. 1	Engineering 设计费		Appendix A
1. 2	Procurement 采购款		Appendix B
1. 3	Installation & Construction 安装施工款项		Appendix C
1. 4	Commissioning Service 调试服务费		Appendix D
1. 5	Training 培训费		Appendix E
1. 6	…		Appendix F
	Subtotal 小计	0. 00	
2	Reimbursable Costs 实报实销费用		
2. 1	Daywork Payment 计日工作工时费	0. 00	Appendix G
2. 1. 1	Timesheet 1 工时单 1	0. 00	Appendix G-1
2. 1. 2	Timesheet 1 工时单 2	0. 00	Appendix G-2
2. 2	Transport Costs for Business Travel (if any) 交通工具使用及差旅（如有）	0. 00	Appendix H
2. 3	…		Appendix I
	Subtotal 小计	0. 00	

续表

No. 序号	Item 款项	Amount (Currency) 金额（币种）	Supporting Documents 支持文件
3	Variation 变更		
3. 1	[Variation Name] [变更名称]	NA	
3. 2	[Variation Name] [变更名称]	NA	
Subtotal 小计		0. 00	
Total (GST Exclusive) 总计（不含 GST）		0. 00	

Contractor Review 承包商评审			
Prepared by: 准备人:	Name and Signature 姓名和签名	Date: 日期:	
Reviewed by: 评审人:	Name and Signature 姓名和签名	Date: 日期:	
Owner Review and Approval 业主评审批准			
Approved by: 批准人:	Name and Signature 姓名和签名	Date: 日期:	

Appendix A Breakdown of Engineering Cost
附件 A 设计费细则

No. 序号	Description of Engineering Milestone 设计里程碑描述	Qty 数量	Unit Rate (Currency) 单价（币种）	Amount (Currency) 总额（币种）
1				
2				
3				
Subtotal 小计				0. 00

Appendix B　Breakdown of Procurement Cost
附件 B　采购款细则

No. 序号	Description of Procured Items 采购项目描述	Qty 数量	Unit Rate (Currency) 单价（币种）	Amount (Currency) 总额（币种）
1	[Procured Item] [采购项目]			
1. 1	[Milestone] [里程碑]			
1. 2	[Procured Item] [采购项目]			
2	[Milestone] [里程碑]			
2. 1				
Subtotal 小计				0. 00

Appendix C　Breakdown of Installation & Construction Cost
附件 C　安装施工费细则

No. 序号	Description of Installation & Construction Milestone 安装施工里程碑描述	Qty 数量	Unit Rate (Currency) 单价（币种）	Amount (Currency) 总额（币种）
1				
2				
3				
Subtotal 小计				0. 00

Appendix D　Breakdown of Commissioning Cost
附件 D　调试费细则

No. 序号	Description of Commissioning Milestone 调试里程碑描述	Qty 数量	Unit Rate (Currency) 单价（币种）	Amount (Currency) 总额（币种）
1				
2				
3				
Subtotal 小计				0. 00

Appendix E Breakdown of Training Cost
附件 E 培训费细则

No. 序号	Description of Training Milestone 培训里程碑描述	Qty 数量	Unit Rate (Currency) 单价（币种）	Amount (Currency) 总额（币种）
1				
2				
3				
Subtotal 小计				0.00

Appendix F Summary of Daywork Costs
附件 F 计日工作费用汇总

No. 序列	Item 项目	Timesheet No. 工时单号	Serivce Period 服务周期		Manhour 工时	Value (Currency) 金额（币种）
1	Timesheet 1 Costs 工时单 1 费用					
2	Timesheet 1 Costs 工时单 2 费用					
Total 总计					0	0.00

Appendix G Timesheet
附件 G 工时单

No. 序号	Title 标题	Category 类目	Name 姓名	Serivce Period 服务周期		Working Hours 工时	Rate (Currency/h) 费率（币种/小时）	Value (Currency) 金额（币种）	EAS 子项	EAS No. 子项编号	Area 区域	Description 描述	Approval by the Owner's Representatives 业主代表人批准
Project: xxx Project 项目:									Contract No.: 合同号:				
Owner: 业主:									Ref. No. 参考号:				
Contractor: 承包商:													
1													
2													
Total 共计						0		0.00					

Appendix H　Breakdown of Transport Costs for Business Travel
附件 H　商务旅行交通费用细分

No. 序列	Date 日期	Item 项目	Vehicle 交通工具	Qty 数量	Unit Rate (Currency) 单价（币种）	Amount (Currency) 总额（币种）
1						
2						
3						
4						
5						
6						
7						
8						
Total 总计						0.00

附录 4　形式发票模板

×××PROJECT
PROFORMA INVOICE

INVOICE TO ××××× CO.　　DATE: ××××
ADDRESS OF ×××××　　INVOICE NO. ×××
SHIPMENT FROM ××× PORT CHINA TO ××××　　CONTRACT NO. ×××

DESCRIPTION OF GOODS	UNIT PRICE	QTY.	TOTAL PRICE
			¥0.00
TOTAL [DELIVERY TERMS] [Destination] PRICE			¥0.00
TOTAL: ××× CONTAINERS/CASES TOTAL CFR BANDAR ABBAS VIA THE PERSIAN GULF PRICE IN WORDS: SAY RMB FOUR MILLION ONE HUNDRED YUAN ONLY.			
ACCOUNT INFORMATION OF BENEFICIARY: NAME OF BANK: SWIFT BIC: ADDRESS: CNAPS CODE: NAME OF ACCOUNT: ACCOUNT NUMBER:			
CONTRACTOR: ADDRESS OF CONTRACTOR: COUNTRY OF ORIGIN: TYPE OF PACKING: MEANS OF TRANSPORTATION: PORT OF CHINA: PORT OF DISCHARGE: PARTIAL SHIPMENT ALLOWED [OTHER DESCRIPTIONS AS MENTIONED IN CONTRACT OR L/C]			

FOR AND ON BEHALF OF

____

(AUTHORIZED SIGNATURE)

附录5 提单示例

（各项目需根据各自合同要求编制相应单据）

Code Name: COSCOL(HK)01

B/L No.
提单号

Shipper (Insert name, address and phone).
发货人名称地址栏

中远航运（香港）投资发展有限
COSCOL(HK)INVESTMENT & DEVELOPMENT
TEL: 852-29076337
FAX:852-29077350 TLX:440668 COSCA C
Rm. 4002,40/F., Cosco Tower,
183 Queen's Road Central, Hong Kong

Consignee (Insert name, address and phone)
收货人，名称地址栏：根据情况不同填入不同信息，可为雇主，也可为TO ORDER OF信用证开证行，在此情况下，雇主提货需获得银行在提单上背书

Notify Party (Insert name, address and phone)
通知方名称地址栏：通常情况下为业主

BILL OF LADING

ORIGINAL

Vessel:
船名

Port of Loading:
发货港

Port of Discharge:
卸货港

Number of Original Bs/L
Three(3)

Particulars Furnished by Merchants

Description of Goods
货物描述：

Gross weight/Measurement

24 UNITS

信用证要求单据上应注明的信息1：
NUMBER OF CONTRACT:
MANUFACTURER:

1 WOODEN CASE
信用证要求单据上应注明的信息2：
BANK
BRANCH
L/C NO.:
TARIFF NOS.
GOODS INSURED IN IRAN BY IRAN
INSURANCE CO.
POLICY NO.

货物毛重及尺寸：
145086 1KGS 10480.89CBM

TOTAL: 24 UNITS & 33 WOODEN CASES

(of which on deck at Merchant's risk; the Carrier not being responsible for loss or damage howsoever arising)

Freight and Charges
运费情况，根据价格条款，通常承包商负责发运，应标注FREIGHT PREPAID
FREIGHT PREPAID

SHIPPED at the port of loading in apparent good order and condition on board the vessel for carriage to the port of discharge or so near thereto as she may safely get to discharge the goods specified above.
WEIGHT, measure, quality, quantity, condition, contents and value unknown.
IN WITNESS whereof the Master or Agent of the said vessel has signed the number of Bill of Lading indicated below all of this tenor and date, any one of which being accomplished the others shall be void.

提单日，如为信用证交单，通常为交单期的起点

Place and date of issue: DALIAN, CHINA 26th, Dec., 2012

Signed for and on behalf of the Carrier:

COSCOL (HK) INVESTMENT & DEVELOPMENT CO., LTD.

船公司或货代盖章：

中国大连外轮代理有限公司
CHINA OCEAN SHIPPING AGENCY (DALIAN) CO.,LTD.

Serial No.GZ
(For Carrier's use only)

附录 6　装箱单模板

××××　COMPANY
ADDRESS：×××
Tel：××××
Email：×××××

PACKING LIST

DATE：
INVOICE NO.：
CONTRACT NO.：

S. N.	H. S CODE	DESCRIPTION OF GOODS	QTY	PACKING STYLE AND QUANTITY		G/W (KGS)	N/W (KGS)	DIMENSION L×W×H (MM)	VOL (CBM)
TOTAL	—	—							

EMPLOYER：××××
ADD：×××××
SHIPMENT FROM ××× PORT, CHINA TO ××××
[OTHER DESCRIPTION AS MENTIONED IN CONTRACT OR L/C]

FOR AND ON BEHALF OF

____

(AUTHORIZED SIGNATURE)

附录7 原产地证书示例

（各项目需根据各自合同要求编制相应单据）

1. Exporter
CHINA HUADIAN ENGINEERING CO., LTD
SOUTH GATE, NO.91, NORTH ROAD, XI SAN HUAN,
BEIJING, 100048, P.R. CHINA
VIA
SUMMIT POWER DEVELOPMENT LTD.

Certificate No. CCPIT 094934622
10C1100A1170/00013

CERTIFICATE OF ORIGIN
OF
THE PEOPLE' S REPUBLIC OF CHINA

2. Consignee
PT. CENTRAL JAVA POWER
GED. SUMMITMAS I LT.12, JL. JEND. SUDIRMAN KAV.61-
62 SENAYAN-KEBAYORAN BARU JAKARTA SELATAN-12190

3. Means of transport and route
FROM NANTONG PORT, CHINA TO SEMARANG PORT,
INDONESIA BY SEA

5. For certifying authority use only
ISSUED RETROSPECTIVELY

4. Country / region of destination
INDONESIA

6. Marks and numbers	7. Number and kind of packages; description of goods	8. H.S.Code	9. Quantity	10. Number and date of invoices
	SHIP UNLOADER SUPPLY OF EQUIPMENT AND MATERIALS FOR EXPANSION OF 2X660MW TANJUNG JATI B COAL FIRED POWER PLANT Master List No. : 983/KM.4/2009 M/L Attachment No. : IV Category No. : 9 No. : 1 SPDL INVOICE NO.: SPDL-08-1001-BV071 No. of Packages: 8 Packages NET WEIGHT: 197,200 Kgs GROSS WEIGHT: 198,340 Kgs **	8426.1921	2SET (PARTIAL)S	CT150TJB-C HEC-BV-CO- 020 MAY.20,2010

PT. CENTRAL JAVA POWER, INDONESIA
EXPANSION OF 2x660MW TANJUNG JATI-B
COAL FIRED POWER PLANT
SUMMIT POWER DEVELOPMENT LTD., JAPAN
VENDOR NAME: BV/CHEC
PORT OF DISCHARGE: SEMARANG PORT, INDONESIA
DESCRIPTION:
CASE NO.: 61.0401 n of NN
NET WEIGHT: KGS
GROSS WEIGHT: KGS
DIMENSIONS: CM X CM X CM
COUNTRY OF ORIGIN: CHINA
INVOICE NO.: SPDL-08-1001-BV071
BV SHIPMENT NO.: BV01-7

11. Declaration by the exporter
The undersigned hereby declares that the above details and statements are correct, that all the goods were produced in China and that they comply with the Rules of Origin of the People's Republic of China.

CHINA HUADIAN ENGINEERING CO., LTD
SOUTH GATE, NO.91, NORTH ROAD, XI SAN HUAN,
BEIJING, 100048, P.R. CHINA
VIA
SUMMIT POWER DEVELOPMENT LTD.
北京 JUL.30,2010

Place and date, signature and stamp of authorized signatory

12. Certification
It is hereby certified that the declaration by the exporter is correct.

中国国际贸易促进委员会
单据证明专用章
CHINA COUNCIL FOR THE PROMOTION OF INTERNATIONAL TRADE
北京 AUG.6,2010

Place and date, signature and stamp of certifying authority

附录 8　商检证书示例

（各项目需根据各自合同要求编制相应单据）

INSPECTION CERTIFICATE

Certificate No. 证书编号

Date: 日期

Issued at: 签发地点

L/C NO.: 信用证号

APPLICANT: 信用证申请人

BENEFICIARY: 信用证受益人

DESCRIPTION OF GOODS
&/OR SERVICES:
货物描述

GROSS WEIGHT: 货物毛重
MEASUREMENT: 尺寸
NO. OF PACKAGES: 包装箱数
PORT OF LOADING: 装货港
PORT OF DISCHARGE: 卸货港
OCEAN VESSEL/ VOY NO.: 运输船名
B/L NO. AND DATE: 提单编号及日期

商检内容，需与合同或信用证相关规定保持一致：

THE QUALITY, QUANTITY AND PACKING OF THE GOODS LOADED AND DELIVERED ARE STRICTLY COMPLYING WITH SPECIFICATIONS OF THE GOODS INDICATED IN THE RELATIVE PROFORMA INVOICE, THE TERMS OF THE L/C AND ANY AMENDMENTS MADE THERETO AS PRESENTED TO IKA ENGINEERING AND TECHNICAL INSPECTION CO. BY THE BUYER.

AUTHORIZED REPRESENTATIVE

This inspection has been carried out to the best of our Knowledge and ability, and our responsibility is restricted to the exercise of reasonable care. This certificate is not intended to relieve the parties concerned from their contractual obligations.

IKA INSPECTION SERVICES

附录9 船代出具的船级证明示例

（各项目需根据合同规定出具相应单据）

CERTIFICATE

TO WHOM IT CONCERN

B/L NO.: 提单号

VESSEL NAME: 船名

合同要求的担保内容：

WE HEREBY STATE THAT THE VESSEL IS A CLASSIFIED VESSEL PLYING IN REGULAR LINER SERVICE. SHIPMENT ON DECK IS PROHIBITED.

合同要求单据上应有的信息：

GOODS INSURED IN IRAN BY IRAN INSURANCE CO. POLICY

NO.:

BANK

L/C NO.:

TARIFF NOS.:

AS AGENT FOR CARRIER:

CARRIER:COSCOL(HK) INVESTMENT&DEVELOPMENT CO.,LTD.

代理有限公

CHINA OCEAN

(DALIAN) CO.

AS AGENT FOR

附录 10　法律尽职调查问题清单

1. 项目所在国与我国的关系如何，是否与我国签订了协定或条约？

2. 如果项目所在国为 WTO 成员国，该国做出的 WTO 附加承诺或保留条款有哪些？

3. 用工要求：

（1）项目所在国劳工法律及其适用，包含雇佣劳工的基础要求、薪资、工伤、保险等；

（2）外籍工程管理人员及外籍劳工的工作许可或签证，居留的时间限制等；

（3）雇员成分对本地化、种族或国别的限制比例。

4. 联合体成员或注册公司股东的当地成分有何要求？

5. 中国承包商在当地实施工程的硬性要求（包括业绩、资质、当地成分、公司结构等）有何规定？

6. 项目所在国适用的争端解决机构和规则如何？

7. 项目所在国的法律、法规或政府文件中存在哪些强制性及特殊性规定（如：技术标准、HSE、社会责任等）？

8. 雇主的情况

（1）雇主的主体资格（国企或民企）；

（2）雇主资信情况、偿付（担保）能力；

（3）雇主要求项目的模式，EPC/BOT/DBO 等；

（4）雇主的其他要求，包含融资需求、运营要求、特殊技术标准等。

9. 投资主体要求

（1）企业实体类型；

（2）外国承包商设立企业实体的规定；

（3）外国投资准入的规定；

（4）资质证照、行政许可、施工许可等各类文件的要求。

10. 其他：

（1）项目所在国对进出口货物的法律制度（包括工程的设备、机械和材料）；

（2）项目所在国对现金的管控。

参考文献

[1] FIDIC. Conditions of Contract for Construction (Second edition) [M]. 2017.

[2] FIDIC. Conditions of Contract for Plant and Design-Build (Second edition) [M]. 2017.

[3] FIDIC. Conditions of Contract for EPC/Turnkey Projects (Second edition) [M]. 2017.

[4] 国际咨询工程师联合会，中国工程咨询协会. 施工合同条件（1999年第1版）[M]. 北京：机械工业出版社，2002.

[5] 国际咨询工程师联合会，中国工程咨询协会. 生产设备和设计—施工合同条件（1999年第1版）[M]. 北京：机械工业出版社，2002.

[6] 国际咨询工程师联合会，中国工程咨询协会. 设计采购施工（EPC）/交钥匙工程合同条件（1999年第1版）[M]. 北京：机械工业出版社，2002.

[7] 朱星宇，陈勇强，赵珊珊，等. 2017年版FIDIC系列合同条件之比较 [J]. 国际经济合作，2018（6）.

[8] 中国对外承包工程商会. 国际工程总承包项目合同管理导则 [M]. 北京：中国建筑工业出版社，2016.

[9] 吕文学. 国际工程合同管理 [M]. 北京：化学工业出版社，2006.

[10] 何伯森，张水波. 国际工程合同管理 [M]. 北京：中国建筑工业出版社，2016.

[11] 陈勇强，张水波. 国际工程索赔 [M]. 北京：中国建筑工业出版社，2008.

[12] 牛永宏，于东温. 国际工程合同管理程序指南 [M]. 北京：中国建筑工业出版社，2010.

[13] 陈勇强，吕文学，张水波. FIDIC 2017版系列合同条件解析 [M]. 北京：中国建筑工业出版社，2019.

[14] 管振祥，滕文彦. 工程项目质量管理与安全 [M]. 北京：中国建材工业出版社，2001.

[15] 吕文学，张水波. FIDIC设计建造和运营（DBO）项目合同条件导读与解析 [M]. 北京：中国建筑工业出版社，2010.

[16] 秦晋，陈勇强. FIDIC 2017版黄皮书和银皮书设计管理问题分析 [J]. 国际经济合作，2018（12）.

[17] 张帅军，陈勇强. FIDIC 2017版系列合同条件中质量管理相关问题分析 [J]. 国际经济合作，2018.

[18] 张玲，朱星宇，陈勇强. FIDIC 2017版系列合同条件中变更问题分析 [J]. 国际经济合作，2018（6）.

[19] 张水波，姜宇星，刘心言. FIDIC 2017版系列合同条件中合同终止与责任限度分析 [J]. 国际经济合作，2019（3）.

[20] 朱星宇，陈勇强，张玲，马晓苹. FIDIC 2017版系列合同条件中索赔条款分析 [J]. 国际经济合作，2018（9）.

[21] 张玲，陈勇强，朱星宇. FIDIC 2017版系列合同条件中索赔程序及相关问题分析 [J]. 国际经济合作，2018（9）.

[22] 陈勇强，张帅军. FIDIC 2017版三本合同条件支付问题比较分析 [J]. 国际经济合作，2018（10）.

［23］郭振华，熊华，苏燕. 工程项目保险［M］. 北京：经济科学出版社，2004.
［24］赵珊珊，刘俊颖，李海丽. 海外工程项目中雇员安全健康的风险应对［J］. 国际经济合作，2007（8）.
［25］陈勇强，金梦夏. FIDIC 2017 版系列合同条件中工程照管、保障及例外事件分析［J］. 国际经济合作，2018（11）.
［26］张浩. 国际工程法务管理［M］. 北京：法律出版社，2017.
［27］赵东锋. 国际工程法律与合约［M］. 北京：中国建筑工业出版社，2019.
［28］叶小忠. 中国企业对外承包工程法律风险管理操作指引［M］. 北京：法律出版社，2015.
［29］王小岩. 国际工程项目廉洁风险研究［J］. 项目管理技术，2019（12）.
［30］王凌飞. 境外工程项目的廉洁风险防控［J］. 企业党建，2018（1）.
［31］路倩雯. 中央企业"一带一路"建设项目廉洁风险研究［J］. 国际工程与劳务，2019（9）.
［32］李萍莉. 打造廉洁合规文化铸就企业发展之魂［J］. 国际工程与劳务，2018（10）.
［33］由建. 国有建筑企业海外廉洁风险防控的思考［J］. 中国科技博览，2016（29）.
［34］吕亚鹏，苏阳光. 纪检与合规联动　防控境外廉洁风险［J］. 国际工程与劳务，2018（6）.
［35］程保庆. 海外项目廉洁风险防控的探索与实践［J］. 石油政工研究，2013（6）.
［36］杨晨. 关于海外廉洁文化建设的思考［J］. 国际工程与劳务，2018（10）.
［37］耿亚楠. 国有施工企业境外项目廉洁风险防控工作浅析［J］. 现代国企研究，2018（10）.
［38］南锦林，袁雯琪. 国际工程项目中的合规风险解析［J］. 国际工程与劳务，2020（3）.